精神分析のおはなし

小此木啓吾

精神分析のおはなし　目次

精神分析のおはなし

・本書で取り上げられている方々の所属および肩書きは、執筆・講演当時のものです。
・本書には、「精神分裂病」など、現在では用いられない疾患名や表現が使われている箇所がありますが、その時代時代の中での執筆ということで、そのままとしました。

I

依存のすすめ

——自立より大切な甘え

ともすると私たちは、甘えの構造の中で暮らすという批判を人からも受け、自分たち自身にも向ける。そのために学校では、自立、自立ばかり説いて、人とのかかわりの中でもっとも大切な依存のしかたを学ぶ機会を失ってしまった。

しかし、フロイトも言っている。「ヒトの心の最大の特質は、他の動物に比べて親に依存する期間がいちばん長いことに由来する」と。社会をつくって暮らすということ自体、この依存し合う心があってはじめて可能だ。とりわけ、ボランティアや高齢者介護の問題一つを取り上げても、いま私たちには、依存したり、されたりする心のあり方をみんなが学び、身につけることが求められている。

本章では、親子の一体感を代表する「川の字文化」から始まる私たちの人生が、どんなに甘えを許容し合う社会をつくっているかをふり返るとともに、いまの若者たちの心の病理が、実際には依存しているのに自分が依存していることに気づかないで、相手が自分を依存させるのが当たり前という思い込みに発していることをお話しする。彼らは依存しているにもかかわらず、ほんとうの意味での依存、そして甘え方を知らない。逆に自立ばかり求めるところに心の狂いがある。しかし、いまもう一度、お互いに助け合い、依存し合うことなしには生きられないことに目を向けてほしい。

1．日本は甘えの文化

小此木です。きょうは自立とともにどんなに「依存」が大切かについてお話しいたします。

自立を強調しすぎた戦後教育

どうも私の知る限りでは、小学校や中学校で、人にどんなふうに甘えたらいいか、頼ったらいいかということ、つまり依存のしかたや甘え方を教わったことはないのではないかと思います。その反対に、戦後の日本の教育では、自立教育が基本的な理念になっていました。うちの娘が小学校に入ったとき、その学校の先生はいつもおっしゃいました。「親から自立させなければいけない、子どもたちは自立が足りない」と。

ところが、私たちのような精神保健を含め、社会福祉とかの立場からみますと、いまの世の中では、「どうやって人にうまく、しかも心地よく頼ることができるか」ということのほうが、基本的な課題だと思います。ですからきょうのテーマは、そういう意味で、自立と依存の心のあやを考えてみよう、というのがそのねらいです。

とにかくこれまでの私たちは、なんとかして西洋、とくにアメリカ的な個人主義にあやかろうとして「自分たちも、しっかり自立しなければいけない」と、国中で頑張ってきたのだと思います。ですから、みんなが自立に憧れをもっていました。

自立主義よりも甘えのよさを

私の精神分析の先輩で、土居健郎という先生がいます。その土居先生の『甘えの構造』という本が、大ベストセラーになりました。土居先生は当時、甘えを克服して自立することを身につけるべきだという意味で甘え理論を立てたのです。ですから土居先生の『甘えの構造』は、戦後の学校教育で「自立、自立」と言っているのと、イデオロギーとしては、だいたい同じ方向づけだったと思います。

戦後、日本はアメリカという大国に対抗してやっていかなければならなかったわけですが、それだけアメリカ人がモデルになりました。アメリカ人というのは、たしかに「個人主義」や「自立」ということを圧倒的な理念としているお国柄のようです。そのアメリカ人にあやかるようになるのには、日本人も同じように個人主義、自由と平等をもった何ものにも束縛されない自立した人間になることが大切なのだというのが、戦後五〇年の日本社会を支えた一つのイデオロギー、理念だったのです。

土居先生もそのイデオロギーを代表するひじょうに優れた文化人の一人だったと思います。先生は何度もアメリカに行かれて、アメリカ人のもっている自立の精神をよくみつめて、日本人の甘えを批判したのです。それをみんなも「そうだ、そうだ」と言って受けとめた。つまり「自立、自立」を強調した背景には、アメリカとの関係で、日本人がみんなそう思ったということがあります。ところが、世の中は自立だけではうまくいかない時代になりました。土居先生も若いときは、どちらかというとアメリカ的な自立主義だったのですが、いまはお歳とともに「日本ほどよい国はない」「甘えは素晴らしい」というふうに変わりました。

　面白いことに、明治以降の日本知識人の人生を考えると、だいたい青年期は西洋文化に憧れ、自分の理想像にして、西洋文化に同一化して、「自立、自立」と個人主義にたいへん憧れます。ところが年をとって、六〇歳、七〇歳になると、みな一様に〝日本人がえり〟をするみたいです。そうすると、「自立、自立」などと頑張っていないで、「日本ほどよい国はない」とお里帰りをする。私たちには、どうもこういう心境があるようです。しかし、これはどこの国の人にもあるようで、アメリカでも移住してきた人は、初老期くらいになると、やはり本国に戻りたいとみんな思うようです。私の知人にも、いわば頭脳流出でアメリカに行き一家を成した人が何人もいますけれど、みんな六〇歳くらいになると、「日本に帰りたい」という気持ちになり、「日本ほどお互いに気楽に依存しあって暮らせる国はない」「日本ほどよい国はない」と言っています。

日本の「川の字文化」

この違いを文化論的にいうと、私の「川の字文化」論で説明できるかと思います。ここでみなさんにおうかがいしたいのですが、生後一歳の赤ちゃんがいた場合に、その赤ちゃんは、お父さん、お母さんと同じ寝室に寝ていたほうがよいと思われるでしょうか。それとももう生後一歳だったら、断固親と離れさせて、一人で寝かせておくのがほんとうだと思われるでしょうか。まず後者の方、手をあげてください。つまり、生後一歳の子は、絶対親とは別々に寝かせるという方です。はい。それでは、前者という方、手をあげてください。はい、ありがとうございました。

これは、どういうところでおうかがいしても、日本人の九五パーセントの方はみなさんとまったく同じで、一歳の赤ちゃんは、まだ親と同じ部屋で寝るのが当然だと考えています。また、実際そうやっておられますね。これを私は、日本の「川の字文化」と呼んでいます。昔はほんとうに、お父さんお母さんのあいだに子ども、という具合いに川の字の形に寝ていました。最近は、寝室は同じでも、赤ちゃんはベビィ・ベッドに寝ていることも多くなりましたから、本当の意味での「川の字文化」ではなくなってきましたけれど。

これは、戦後五〇年経って、これだけ「自立、自立」と叫ばれているにもかかわらず、日本の親子関係がまったく変化していない部分の最たるものです。と申しますのも、アメリカでも、フランスでも、ドイツでも、何度も比較検討されていますけれど、決定的にわれわれ日本人のそれと違うのは、生後一歳になると、九五パーセントの赤ちゃんは一人で寝るのが当然なのです。日本とはまったく反対です。

どうして、アメリカ人や欧米人がそうしているかといいますと、あちらの家庭は夫婦中心ですから、生後一歳になったら、もう子どもは子ども、親は親なのです。「子どもは夫婦の寝室にいるもんじゃない」「子どもは子どもで独立するんだ」と、完全に別の寝室で寝かせています。私の義姉もアメリカ人と結婚して長いですけれど、アメリカではこれをちゃんとやらないと、妻の役目は務まらないんだと言っていました。アメリカの赤ちゃんは、生後三か月くらいになったらもう断固として別な部屋に寝かせて、夜、泣こうが叫ぼうが、いっさい聞こえないようにしてしまう。これが夫婦の道なんだそうです。アメリカの子どもは、夜中に「ワァワァ」泣いても、「ママ！」と叫んでも絶対に誰も来てくれない。真っ暗闇の中で「ああ、これが僕の人生なんだ」ということを、物心がつくかつかないかで経験し、自我の目覚めを体験するのです。

赤ちゃんの表情に現れる甘えの文化差

このあいだ私は、京都大学で「乳幼児の母子関係」というテーマで、霊長類研究所の正高信男先生と対談をしたのですが、そのとき、私たちが多年研究している I Feel pictures の写真をお見せしました。これは、生後満一歳の乳幼児の表情写真三〇枚から成るテストなのですが、日本の生後一歳の赤ちゃんと、米国版 I Feel pictures のアメリカの生後一歳の赤ちゃんを、写真で比較しました。やや図式化していうと、アメリカの赤ちゃんは生後一歳で人生のあらゆる辛酸をなめつくしたような、暗い深刻な顔つきをしています。日本の赤ちゃんはほんとうにあどけなく、いかにも赤ちゃんという感じです。私たちは、プロのカメラマンを雇って、二五人の生後一歳の赤ちゃんの表情を、一日一人二〇〇枚ほど、全部で五〇〇〇枚くらい写真に撮って、もう一〇年くらい研究しているんです。

まず、アメリカの赤ちゃんは、生後一歳でカメラマンと二人でいられます。日本の赤ちゃんには、生後一歳でカメラマンのおじさんと二人でいられる赤ちゃんはまずいませんでした。お母さんがそばにいなければ駄目なのです。お母さんがいなくなると、もうすぐに「ワァ」と泣いてしまいます。つまり、それくらい日本の赤ちゃんには甘えの構造があるのです。少なくとも日本では、幼い子どもに寛容で、親子関係の中で子どもの甘えが認められています。これに対して米国ではむしろ、親離れが早すぎるといわれています。

このように、「甘え」「自立」には文化による違いがあります。ただ、戦後五〇年、少なくとも学校の先生は、大学で教育を受けるときは、みんな西洋をモデルに勉強をしますから、欧米人の学問や資質があります。日本人はいつまでも親にくっついて甘えていては駄目だ。独立して自立するのだという自立教育が、すべての若い人の思想になって現在に至っています。そういう考えは、たしかに国際化する上で必要なんですが、赤ん坊のときは〝川の字〟で育つので、その心の矛盾はたいへんなんですね、ほんとうは。そして日本では、依存とか、甘えということが人生にとってどんなに重要かということが、ともすれば見逃されることがあったということです。

2. 自立するためのじょうずな依存

甘えじょうずになること

それではここで、自立と依存の心のダイナミクスということから、少しお話しさせていただきたいと思います。

まず、じょうずに依存する、甘えじょうずの人、人に頼ることがうまい人に、心の健康を保ち、社会的にもうまくいく人が多いということをお話ししましょう。

比較的自立して、夫もいるし子どももいるけれど、国際的に活躍したり、時代のかべを乗り越えて活躍してきた女性たちには、意外にこの甘えじょうずの人が多いのです。たとえば労働省出身の女性のお役人などから次々と大臣が出たりしていますけれども、あういう人たちのお話を聞いてみますと、一つの共通点があります。それは、彼女たちがとても甘えじょうずだということです。男性の上役に甘えることもじょうずだし、姑ないしは、実家のお母さんに甘えるのもじょうずです。

彼女たちはみな仕事も子育てもちゃんとやっている。どうして子育てがうまくいって、しかもキャリアウーマンでいられるのかというと、彼女らは姑や実家のお母さんに頼るのがうまいのです。自分は役人を続けながら、子育てを実家のお母さんや姑に協力してやってもらう。このコツをじょうずにつかんでいる人は、最後まで生きのびてキャリアを全うしています。これが、あんまりツッパッて誰にも頼らず女の自立とかで頑張ってしまう人は、途中で燃え尽きてしまうわけです。そして頑張りきれないで、あたら有能な女性が家庭に引っ込んでしまったり、途中で長く休んでしまって、なかなかキャリアが長続きしない。こういうことをいうと、フェミニズム的な評論家の人から、「そんなこと言ってもそんな考えが長く続くとは思わない」とか、「そういうことを、あんまり強く強調するのはどうですか」と、叱られることがありますが、少なくとも、これまでの日本社会、家庭の中ではそうでしたね。

これからは、働く母親が増えるでしょう。女性の自立は、ものすごく大きなテーマですけれども、仕事をしながら、育児、家事もできるためには、夫にうまく頼ることも必要です。「あなたは素晴らしいわ。私よりも、赤ちゃんの抱き方がじょうずだし、あなたのつくったお料理は、私のつくったのよりずっとおいしいわ」と一所懸命夫をほめて持ちあげるかわりに、ときどきは自分の仕事のために家庭生活や夫婦生活が犠牲になっても大目に見てもらえるようにしておくとか、実際そういうことのじょうずな人がキャリアをずっと続けられています。夫や姑にじょうずに頼って、家庭も仕事も両立できるような、甘えじょうずな関係を、ぜひみなさんにもお勧めしたいと思います。

どうやら、私たちのところに相談にみえる方たちは、甘え下手な人が多いように思いますね。理念的なことを言いすぎたり気どりすぎたりすると、あまりうまくいかないようです。甘え方というか、甘えのコツというのが、いまの日本社会で依存してやっていくのにはとても大切です。ところが学校ではこのことはサッパリ教えてくれない、やたらに「自立、自立」としか言ってくれないというのが、きょうの話のテーマとしてあると思います。

妻に依存しすぎる日本の男性

それではここで、自立と依存という問題を、ちょっと中高年の世代で考えてみましょう。最近は、女性の自立だけではなくて、男性の自立ということがよくいわれます。どうも、年をとってからの配偶者との依存関係をみた場合に、妻が夫を失うときよりも、夫が妻を失うときのほうがストレスの度合いが高いようですね。夫は妻を亡くすと、病気になったり死んだりする率が高くなるのに、妻のほうは、夫が亡くなったら見違えるように活き活きと元気になったという場合が多い。これは、なかなか深刻な問題です。日本の男性は、妻に対する依存度が高いということですね。妻が亡くなってしまうと、家庭生活、つまり、料理をつくるとか、掃除をするとかができなくなるし、近所づき合いもわからない。極端にいうと、子どもとも妻を介してでないと会話が成り立たないというお父さんが、日本ではけっこう多いんです。私なんかもそういう傾向がありまして、娘と仲がいいときはいいんですけれど、ちょっと文句を言いたいときや、直接言うのも忙しくて時間がないというようなときには、妻が通訳のような役目をします。ですから妻がいなくなると通訳者がいなくなるわけです。お母さんをやってくれる人も、家政婦をやってくれる人もいなくなる。結局お父さんは、まるで梯子をはずされて宙づりになったように、この世とつながりがなくなってしまって、しかも、そのことに妻が元気なときは気づいていないんです。妻が夫を奉って、それに気づかないように大事に世話をしているからです。こういう依存関係が、私たち古いタイプの世代の日本人の夫婦には多いようです。そして私は、このタイプの依存をそのままにしておいてよいといっているわけではないのです。

二つの依存のあり方――絶対的依存と相対的依存

精神分析では、「依存」というテーマはひじょうに大きなテーマですが、人間における依存というものが語られるときには必ずウィニコットという英国の精神分析学者の名前が登場します。ウィニコットは小児科医でもありまして、精神分析の中で母子関係、つまり、母親の子どもに対するかかわりというのをもっとも系統的にあきらかにした人です。彼はまず、依存を二種類に分けて、「絶対的な依存」と「相対的な依存」を区別しました。

「絶対的依存」というのはどういうことかといいますと、客観的にみると人に依存していなければやっていけないにもかかわらず、自分は相手に依存しているという自覚がない状態をいいます。依存されている人が、「おまえは俺に依存しているんだぞ」「私がいなくなったら、おまえは困るんだぞ」「私が見捨てたら、あなたはおしまいだ」などと言わないで、最後まで依存させてあげる。依存している本人も、依存しているという自覚もない。だから見捨てられる不安もない。相手に気づかいもしないし、感謝もない。こういうのを絶対的依存の関係というのです。もしかすると、実は先ほどお話しした古いタイプの夫婦関係では、夫に妻がそうなるのを当たり前だと思い、妻も夫をこういう状態にずっと置いてあげている方が多かったかもしれません。いまでもおられるかもしれません。夫は、いつも自分がいちばん偉いつもりでいて、自分が妻に頼っていることにはまったく気づいていない。しかし、実は妻が全部そうさせてあげているのです。

これは古いタイプのお父さんですが、社長さんなんかにも、なにもかも側近にやってもらって、ほんとうはみんなに依存しているのに、自分にはパワーがあって力があるかのように錯覚していて、人望を失うと、たちまち裸の王様のようになってしまう人があります。

このように絶対的依存の状態にいる人というのは、救いがたい人たちです。つまり、全部自分の力でやっていると思っていますから、逆にほんとうの意味で甘えるということがうまくできない。人に助けを求めるということができないわけです。中高年の年代の困った夫、困ったお父さんには、こういう人が多かったですね。

ところがこれに対して、相対的依存の関係というのはどういうことかと申しますと、これは、本人も相手に頼っていることに気づいている関係です。誰かに頼らなくては一人ではやっていけない、そういう自分のある種の無力さ、ヘルプレスな気持ちというものにどこかで気づいていて、そして誰かに頼ることでなんとかやっていこうとする。これを相対的な依存といいます。

ですからこの場合、依存する相手がいなくなったりするとひじょうに心細くなります。「もしもお母さんがいなくなったら、僕一人でどうしたらいいだろう」と不安になるわけです。これを、「分離不安」といいます。分離不安が起こってくるのは、だいたい生後一歳半～三歳くらいですが、これは、だんだんと自分はお母さんに依存している、頼っているということがわかってくるために起こります。そしてこの分離不安の段階を通って、幼稚園、小学校くらいになると、お母さんがそばにいなくても、自分一人でやっていけるという、いわば子どもなりの自立ができるようになっていくのです。ウィニコットはこのような相対的な依存の意識をもつことができるようになることが、人間の心の発達ではとても重要なテーマであると言っています。この意識があって分離不安があるから、頼れることのありがたみもわかり、感謝の気持ちも抱けるようになるのです。

子どもの親離れを妨げる親

ところが、最近の親の中には、子どもを絶対君主ではないけれど、絶対的依存の状態のまま、それ以上おとなにさせないような親がいます。つまり、みんなお母さんがやってあげてしまって、あげくのはてに「あなたね、私がいなかったら何もできないんじゃないの」ということになる。けれどもほんとうは、天照大神《あまてらすおおみかみ》ではないけれどもお母さんが天の岩戸に入ってしまって、子どもが一人でウロウロして「ママァ、助けてちょうだい」というところまで困って、「お母さん、ごめんなさい」「私はお母さんの言うことは何でも聞きます。だから見捨てないでちょうだい」と、こういう不安をある程度子どもに与えてこそ、はじめて子どもは現実というものを知るし、自分というものに目覚めるのです。そしてそこから、ほんとうの意味での自立と依存というテーマが出てくるわけです。

ところが、そういうふうにさせては「かわいそう、かわいそう」と、母親がいつも一歩先、一歩先を面倒みてやって、子どもが「ウー」と言うと「アー」、「ツー」と言うと「カー」とやってしまう。こういうふうに子どもを傷つけまい傷つけまいとして、面倒をみたり世話をしてあげてしまうお母さんが、けっこういますね。これでは、子どもはいつになっても「自分がやれているのだ」という絶対依存の段階から、相対依存の段階に入れない。そして、もしもそこで挫折したりうまくいかないことがあると、「ちゃんとやってくれないお母さんが悪い」となる。絶対君主ですから、「お母さん、何をやっているんだ。グズグズして」と威張ってしまうという依存が発生します。こういう依存のあり方を、私は「支配的依存」と呼んでいます。つまり、王様が家来を脅かしながら使って、ほんとうは依存しているのだけれども威張っている、というような依存ですね。このような子どもがけっこう多いのです。自分の思うとおりにならないのはまわりが悪いからだ。お母さんがこうだったから、お父さんがこうだったから自分はいけなかったのだ、と。こういうメンタリティにずっと入り込んでいくと、やはりこれは登校拒否予備軍になりますし、いろんな問題がそこから発生します。

依存ができない子どもたち

相対的な依存を自覚できることがほんとうの自立の始まりなのですが、依存しっぱなしで、どうしてもこの局面を脱けだすことができない。しかし、いつもいつも未然にお母さんが補ってあげられるというのは、せいぜい中学へ入る前くらいまでですね。そこで、お母さんの応援が役に立たなくなってきたお子さんはどうなるかというと、無気力状態になったり、学校へ行けなくなったり、引きこもったりすることになってしまいます。というのは、こういう子どもは、自分に力がなくてもじょうずに頼るということができないからです。頼るという方法が身についていないし、自分の無力感を実感できないわけですから。こういう人格構造をもった子どもや若者が、アメリカでも英国でも日本でも、いまひじょうに増えています。自分にあまりにも全能感が強くて、依存ができない。全能感はひじょうに観念的なもので、しまいには空想的なものになってしまっているのに、しかも人に頼れないのです。こういう傾向が、どうも最近の子どもには、大なり小なり生じているように思います。

それはどういうことかといいますと、いまの時代、社会の風潮そのものがひじょうに全知全能的なのです。何でもコンピューターとかテクノロジーによって思うとおりになりますね。寒くなればボタン一つで暖房は入るし、暑くなればまたボタン一つで冷房が入る。それが当たり前になって、すべてが自分の思うとおりに、人に頼らなくてもできるような時代になってきていますから、全知全能感をもったまま生きていこうという、そういうメンタリティが発達してきているのです。

ですから、登校拒否とかいう問題に子どもが悩まないですむようにするためには、まず絶対的な依存の状態を十分に満足する、つまり「僕は強いんだ」「一人でやれるんだ」という自信をつけてあげる。それから今度は次に、「お母さんがいないと心細いなぁ」という不安をだんだんと体験する。さらに、幼稚園から小学校のころに、それを乗り越えてなんとか一人でやっていける、独り立ちができるようになる。そういった心の発達と親離れと自立のプロセスが順調に進んでいくことが、とても大切だと思います。

私自身の親離れの思い出

少し私の個人的なお話、私自身の親離れの歴史をちょっとお話ししようと思います。

本を出したり講演をしたりしますと、人間関係においてある種の利益があります。たとえば、昔の知り合いの人と講演会場で再会するとか、縁がなかった人が突然連絡をしてくれたりとか。もう一〇年以上も前になりますが、幼稚園協会の会長さんという人から連絡が来まして、協会でお話をしてくださいと言うので、喜んでお引き受けしました。会場で会長さんにお会いしましたところ、いきなり「啓吾ちゃん、ずいぶん大きくなったわねぇ。私のこと覚えてる」と言うのです。見ると七〇歳くらいのおばさまです。聞きますと、なんとその方は、私が四歳のときにお世話をしてくれた幼稚園の先生だったんです。

その先生は美しい保母さんで、私にとっては初恋の人でした。私はかつて憧れた人に突然再会したわけです。こういう再会は、プラスの面とマイナスの面がありますね。自分の心の中にある若くて美しい女性と、目の前にいる七〇歳の女性とが同じ人だと言われても、なかなかピッタリきません。話をしているうちにだんだん通じてきました。私は毎日、その先生が帰るまで、幼稚園で遊んで待っていたんですね。私と先生とは帰る方向が同じなので、その先生の用事が終わるまで待って、途中まで一緒に帰ったわけです。私の頭の中では、自分はその先生のナイトの役目をしていたつもりでした。私にとっては、初恋だったわけです。

ところが、その先生がおっしゃるには、「啓吾ちゃんは、ほんとうに泣き虫で、幼稚園に最初来たときは、登園拒否になるんじゃないかと心配した」ということで、一緒に帰ったというのも、自分はナイトのような気持ちで先生を送っていったと思っていたのに、先生は、泣き虫啓吾ちゃんを幼稚園に慣らすために、特別に可愛がってくれて、帰りも一緒に帰っていたというのです。私は、ナイトから泣き虫坊やに転落してしまったわけですけれど、昔の知り合いに再会するというのは、なかなかたいへんなことだと思いました。しかし、あの

「僕はナイトだ」という思い込みが、いままでの私を支えてきたのも確かなのです。

子どもというのは、実はそういう形で、親離れや自立をしていくものなのです。つまり、ほんとうは一人で不安なんだけれど、先生がいるのでお母さん離れができたわけです。そのとき先生が「あなたは泣き虫で困ったわね」と言っては駄目で、「啓吾ちゃん、あなたはほんとうにいい子ね。先生はあなたが大好きよ」と言って、僕も「先生、一緒に帰ろうよ」と言って、自分も男だという、そういう気持ちになれたところで親離れができ、自立していけたのです。これは、空想的なことですね。でも、空想で自分は強いんだと思えると親離れができる。こういったことが、その先生との体験でひじょうによくわかりました。

ついでにお話しいたしますと、私は慶應の幼稚舎というところに通っていたんですけれど、学校に行くのに電車で四〇分～五〇分ほどかかりました。学校に通いはじめて二週間くらいしたとき、それまで送り迎えをしてくれていた母親が、突然「きょうはこれで帰りますから」と言うんです。僕は、電車とバスを乗り換えて一人で帰れるかどうか自信がないので、学校の正門のところで母親に取りすがって、泣きべそをかきかけたんだけれど、みんなの前なので泣くのも恥ずかしいから、結局母親はそのまま帰ってしまって、帰りはそれでなんとか家までたどりついたのです。こうして一人で通学できるようになりました。これも、親離れの体験として心に残っています。

自立と依存は、決して対立するものではなくて、あるところで人を頼ることで、片方では自立ができる。そうして自立しながらまた依存へと行く。自立と依存のあいだには、こういうダイナミクスがあるのです。私は幸いにして理解のあるおとなに出会え、何とか学校に行けるようになり、登校拒否にもならないでやってこれたんですけれども、こういう心の自立と依存のダイナミクスは、とても大切なことです。

親にかわる依存対象を見つける

やっぱり思春期の親離れで、ひじょうに大切なことは、親から離れることそのものではなくて、親から離れるのと同時に、同世代の友だちや仲間というものをちゃんと獲得することです。

登校拒否とかいろいろ問題のある方々をみていますと、親離れはしても、親にかわる依存対象が見つからない、という場合が多いようです。親離れをしても、同じ世代のグループや親しい友だちができないと、誰も頼りになる人がいなくなってしまう。これでは、「自立」ではなくて「孤立」になってしまいます。メンタルヘルスでは、「自立」と「孤立」の違いを、きちんと見極めて区別しておくことがとても大切です。

孤立すればするほど、本人にはひがみとかひねくれとかが起こってくるものですから、ますます、そのことに耐えられなくなっていく。「俺は自立しているんだ、自立しているんだ」と頭の中ではすごく頑張るわけです。ところが見ていると、それは何にも頼らない孤立した姿になってくる。まわりからはどんどん距離が置かれてしまう。こういうふうに、孤立して家の中に閉じこもってしまって、自分の部屋の中にばかりいて、やがては、夜と昼も逆転して、テレビゲームやビデオの世界だけになってしまう、という人がいます。大切なことは、親離れすることではなくて、親離れしたあと、その分、ちゃんと友だちとか先生とかに出会うということです。そういう親離れ、自立のしかたが、とてもとても大切なことだと思います。

親離れできない場合の病理

逆に、親がなかなか子どもを離れさせないという場合もあります。

これも、学生相談で私がお世話をしている人ですが、「手首切り症候群《リストカッティング・シンドローム》」というのをご存じですか。とくに女のお子さんに多い症状で、何かというと、すぐに手首を切るんです。その方は、手が傷だらけで見るも無残なありさまでした。カミソリだと切れすぎて危ないのと、痛みがないと快感がないというので、果物ナイフとかあまり切れないものを使います。夜一人になると、たまらなく切りたくなるのだそうです。何ともいえない快感が走るらしいんです。場合によっては、脳の快感物質エンドルフィンか何かが出ているんじゃないかといわれてますね。学校にいると、ひじょうに不安げで憔悴して見える方なんですが。

これはたいへんだ、入院とかのお世話をしなくちゃいけないということで、地方にお住まいのお父さんとお母さんをお呼びしたんですが、びっくりしたのは、お父さんがいらして、お父さんと並ぶと、まったく別人のようにニコニコしている。お父さんと娘さんは、一緒にいるとまるで天国にいるみたいに気が合うんですね。それで、「パパがそばにいれば、もう大丈夫だよね」と言うと、「うん、大丈夫だよ。手首を切るなんて考えはもう全然起きません」と私の前で平気で言います。お父さんと離れて地方から出てきて、一人で暮らしはじめた寂しさがきっかけで手首を切りはじめた、というのがはっきりとわかりました。

お父さんは、ほんとうにゆったりしていて優しい。やはり、娘さんがこのお父さんから離れられなくなるのがわかるような気がしました。けれど、ちょっと誘惑的なんですね。ほんとうなら、「おまえはもう大学生なんだから、恋人でも見つけろ」というように、娘さんと距離をもたなければならないところを、お父さんは、大学生になった娘を小さな娘のように相変わらず可愛がっているのです。

ところが次に、お母さんが来たわけです。お母さんという人は、お父さんとはアンバランスで、なんとなく弱々しくて、びっくりしたのは、お母さんが来たらその女子学生の人が、まるでしっかりした世話役になってしまったことです。つまり、お母さんは娘にとって全然頼る対象になっていない。だからその家では、お父さんと娘さんが夫婦で、お母さんが娘さんなのです。このような家族状況が彷彿とする。こんなふうな関係になってしまうと、子どもは親離れができません。やはり、子どもがちゃんと親離れをするためには、お父さんとお母さんが、いつもお父さんとお母さんであるし、健全な夫婦だということが、きちんと子どもにもわかるようにしてあげることです。お父さんお母さんはあなたがいなくてもちゃんとやっているから、ということでないと、子どもは親離れができないのです。

「お母さんを、よろしく」

かつてジュネーブで国際思春期精神医学会というのがあったんですが、そのときのシンポジウムは、世界各国の思春期の子どもの親子関係で、いちばん特徴的なものをお話しするというものでした。そのとき私が発表したのは「お母さんをよろしくお願いします」という題の論文でした。私の臨床的な仕事には、思春期の人で、いまの女子学生のように手首を切る人や、登校拒否の人、摂食障害の人など、いろんな方がおられますけれど、そういう方のお母さんとかお父さんのカウンセリングをすることがとても多いのです。つまり、私とカウンセラーの先生が二人でチームを組んで心理治療を行なうわけです。

これからお話しすることは、実際にこういう治療をしている三人の子どもさんにたて続けに起こったことなのですが、肝心の思春期の娘さんや息子さんのほうが良くなって、学校に行くようになり、自分のカウンセリングや心理療法が終わりですという段階に来たときに、病院の私の研究室にわざわざやって来て、「先生、僕の治療はもう終わりになりますけれど、僕の治療が終わっても、お母さんとの面接は続けてもらえないでしょうか」と言うわけです。

別の女子高生の場合も、「先生、お願いがあります。お父さんとお母さんだけは、まだ、先生の面接を続けてやってください」と言います。「どうしてですか」と聞くと、「私は、もう安心して学校に行けるようになったんですが、お母さんを一人で家に置いておくのが心配なのです」と言う。「お母さんには、お父さんがいるではありませんか」と言うと、「お父さんとお母さんが二人で仲良くしているなら安心して学校に行けるし、私はこんな登校拒否になっていませんでした。お母さんとお父さんが離婚するのではないかと心配で、それを見張っているようになったのが私の登校拒否の原因なのだということが、カウンセリングでよくわかったのです。私は、自分の人生はお父さんとお母さんの人生ではなくて、私自身の人生だと思って、自立して学校へ行けるようになったのですけれど、お母さんは、まだまだお父さんとはうまくいっていないし、私がそばにいないと、お母さんはすごく孤独になってしまうから、先生の面接が続けば、お母さんも支えられてやっていけると思うので、私も安心して学校に行けます。どうか先生、母をよろしくお願いいたします」と言うのです。

親離れができにくい、自立しにくい子どもの背景には、しばしばこうした両親の不仲による家庭の中の不安というものがあって、子どもは見かけ上は学校に行かなくて「いつになっても甘えていてケシカラン」とまわりから言われますが、ほんとうは逆で、自分が家庭の中にいなくてはうまくいかないというふうに思い、なんとかお父さんとお母さんを仲直りさせたい、自分の力で家の中を守らなくてはという気持ちが、子どもの心のずっと奥のほうに潜んでいる場合が多いのです。こういう場合、子どもは親離れができません。親離れできないのは病理といえば病理ですが、こういう問題が、しばしばみられることを忘れてはいけないと思います。

3．共に依存し合うこと

依存を拒む心理

ここで少し、依存や甘えを否定する心についてお話ししようと思います。

やはり私たちの心の中には、自立を理想化して、イデオロギーの理念として強調するだけではなくて、甘えとか依存をどちらかというと拒絶したり否定したりする心理、依存したくないとか、依存するとよくないことが起こる、自分はなんとか自分でいたいから依存しないですませたい、といった気持ちが潜んでいることは事実です。ですから、たとえば、社会福祉のどんないいシステムをつくっても、それを利用する側の人々の心の中に、そういうものには頼りたくないという気持ちが強いと、そのシステムは利用されないで、有効に生かされないという恐れがあります。

いまからだいぶ以前に、経済企画庁の「日本の家族の未来について」という研究論文がわが国におけるおもに老人福祉の未来を中心テーマとして取り上げました。これからの日本は、スウェーデンや欧米並みに老人ホームをつくって、それを中心に高齢社会を考えていくべきか、それとも、在宅で三世代同居のできる家屋をたくさんつくるようにするべきか、どちらによりたくさんのお金を使うべきなのかということです。どう判断したらよいか私も意見を求められましたけれど、その当時は、まだまだ三世代同居型のほうが、現実に役立つのではないかと思いました。元気な親を老人ホームにお願いするというのは、なかなかできない。ちょっと具合いが悪くても、なるべくなら自分たちで世話をするのが親孝行だという気持ちが、まだまだ四〇代～五〇代の人たちには濃厚ですから、どんなに素晴らしい老人ホームをつくっても、なかなか利用されにくいのではないか、まあ、だんだんそうなるとしても、傾向としてはそういうものがあるのではないか、というふうな話になりましたね。いまも、そういう傾向はあまり変わらないんじゃないでしょうか。

共に生きるということ

かつて社会主義の中心的役割を果たしたレーニンが言いました。「働かざるものは食うべからず」と。これは自分がちゃんと働いて生計を立て、自立する人間以外は生きる価値がないということです。この言葉は、働かないで働いている人のお金を搾取して富んでいくというような人を戒めるためにあったのですが、いまはもう資本家と労働者の問題ではなくて、働けない人を働く人がどういうふうに養ったらいいのか、背負っていくのか、そういう意味での共存関係をどうつくるかという時代に変わってきましたから、この大きな変化に、まだまだ私を含めてみんながほんとうには順応ができていないのではないかと思います。働く人も、働かない人も、働けない人も、人間はみな平等です。とりわけいま大切なのは、力がなくて働けない人も、人間として同等の権利をもっている、働けない人も大事にしてあげないといけないという社会です。その最大の現場が、高齢社会であり福祉社会なのです。

福祉社会であれば、人間はどうやって人に頼り、依存し、力がなくても暮らしていけるか、その中で心の中の自立ということをどう求めるかということが問題になるでしょう。少なくとも生活上の自立とか人間関係では、たとえば寝たきり老人になっても、どうやって人生を送っていくかというような生き方を学ぶことが大切です。私はよく、寝たきり老人になったらどうやって看護婦さんに頼って甘えさせてもらおうかとか、看護婦さんに好かれて老人病院で暮らすにはどうしたらいいかと考えます。

一〇年、二〇年先には、こういう現実がお互いの身の上として身近に迫っているのです。ただ、いたずらに自立、自立と言っているだけでは手遅れです。ただし、生活技術とか人間関係における自立・依存ということと、もっともっと心の奥底にある自立精神というものとは、ちょっと区別する必要があると思います。その辺の細かい議論というのが、これからの学校教育ではものすごく重要になってくるのだと思いますね。

いまの学校教育では、あらゆるイデオロギーも人間観も、こういう高齢社会になって、みんなが半分生きる力があって半分生きる力がないような、そういう人間になりながら余生を送るという社会を、どういうふうに共有できるかということについて、ほんとうの価値観や理論をまだ確立していないのではないかと思います。ですから一九世紀から二〇世紀にかけてできあがったマルクス主義にしても、いままでのいろいろな既成の宗教にしても、なかなかこういう現実に対処することがむずかしい。こういう時代になってきますと、人間の依存関係というものを大切に扱うお役所、つまり厚生省（現厚生労働省）が汚職の代表にもなっています。これは一種の時代精神をひじょうによく表していますね。そういう意味ではわれわれは時代精神の先覚者です。

これからは、まず人に頼らなければ生きられない人生というものを、誰もがもたなければならない時代になりました。「働かざるもの食うべからず」というイデオロギーでやっていたら、アルツハイマーになったり、働けない状態になったら、それはナチスみたいにガス室送りになってしまうわけです。

日本とアメリカでの依存の違い

老人についてはよくこういうことが言われます。アメリカの高齢者は、自分が年をとって、身体も不自由になり、人に頼らなければ生きていけない身の上になったことを嘆く。どうして年をとって、息子や娘、地域の人に依存しなければならなくなったのか、と。彼らにとってはプライドというのが最大の価値ですから、他人に頼ってプライドが傷つくような生き方をしたくない、人に依存することは恥である、という気持ちがひじょうに強いのです。ですから、そういう嘆きが中心になる。

日本の高齢者は、むしろ自分の息子や娘、周囲が、どんなに自分を世話してくれないかといって嘆く。もともと依存させてくれるのが当たり前なのに、それをさせてもらえないというのです。つまり日本の高齢者の場合は、アメリカの高齢者のように、依存することそのものを悩みだとは全然思っていない。こういう違いは、たしかにあります。

そういうふうに聞くと、自立しているアメリカ人のほうがいいように思うのですが、アメリカ人の夫をもった日本人の妻の悩みや相談を受けますと、どうやらそうでもなさそうです。日本人の妻のほうが母性的で優しいと思って結婚するアメリカ人や外国人の方は、少しひ弱さをもっているといいますか、自立中心のお国柄の中で、少し依存的でマザコン的な人が、日本人の女性を妻に選ぶ傾向があるようです。結婚してしばらくすると、向こうの男性はひじょうに貪欲になってきます。これはよくいわれることです。うっかり甘えさせると際限なく甘えてくるというか、第一に節度がなくなってきて、第二に相手を甘くみるようになります。つまり、甘えさせると甘くみるようになるのです。この人には安心して依存していいとなると、次から次へと要求を出してきて、しかも、そのうちに相手を評価しなくなる。そして、言いたい放題、やりたい放題されて、日本人の妻が抱えきれなくなったところで、破綻が訪れるのです。

土居先生は「彼らは甘えたことがないからなぁ」と言いますが、これは、たしかによくいわれることです。日本人とつき合うと、あまりにも優しく受け入れてくれるので、歯止めがきかなくなるのです。そういうアメリカ人を見ていると、かわいそうになりますね。「いままでそんなにも虐げられていたのか、たいへんだったんだなぁ」という感じがして。

日本人の場合には、甘えというのが小さいときからあるだけに、フィードバックがききます。無意識のうちに相手の顔色をちゃんと見ていて、ここまでは甘えても大丈夫とか、これ以上甘えすぎたら駄目だという見極めを絶えずしているのです。ですから甘えというのは実は単純な依存なんていうものではなくて、実に高度な精神機能なんです。甘えじょうずというのは、ひじょうに高度な心の仕組みをもっている、ということなのです。

じょうずな依存のしかたを身につける

話を元に戻しまして、日本ではこのように、親子何世代とかの依存関係を、じょうずにもっていくということがまだまだ必要です。これとひじょうに共通しているのが、乳幼児の保育の問題です。最近は、駅前保育施設が大量にできて、厚生省（現厚生労働省）が、家賃を全部負担してくれたり、人件費を半分もってくれるということが新聞に出ていましたが、こうした乳幼児の保育については、欧米でも日本でも、細かい研究があります。どういうことかといいますと、肝心の母親が、自分の愛する子どもを、施設とか保育園に預けて昼間仕事に出るということに対して、なかなか割り切れない気持ちをもっている場合が多いということです。そのうち、社会の変化によって、働く母親の比率がアメリカ並みに上がったとしても、これは社会の要請がそうだといっているだけで、われわれ親子関係の情緒感情というのは、そう簡単に割り切れるものではありません。やっぱり、少なくても生後三歳くらいまでは、子どものそばにいて養育してあげたいと思っているお母さんは多いわけですから。いくら働け働けといっても、お母さんも生後六か月やそこらの子どもを保育園に預けて会社に行って、また夕方引き取ってという生活をするのは、そうとう悩みが大きい。

これはフランスでも同じことがあって、レボビッシという先生の研究で、お母さんが心から保育施設や保母さんを信頼していて、学問的にも、子どもは昼間は保育施設に預けても、夜だけ一緒にいれば心の発達に関しては大丈夫なんだということを納得している場合と、お母さんが、子どもを預けるのがほんとうは気が進まないとか、保育園の保母さんを信頼しないで預けている場合とでは、子どもの保育施設での適応性がすごく違うという研究があります。これからの日本の働くお母さんの悩みも、この辺にあるでしょう。

老人の場合でも、ちゃんとした老人ホームにお年寄りが入って、お年寄り同士のグループとか、その中での交友関係があったほうが、狭い家の中でひしめいているよりは、ほんとうはいいんだと思いますね。そしたら、場合によるとご老人が一人だけで最後まで頑張るのも、それなりの価値をもってくる。乳幼児と高齢者の依存の問題は、このようにいろんな共通した問題を含んでいます。

依存のあり方が問われる

依存に関するもう一つの問題は、もっと個人個人としての問題です。うっかり他人に頼ると、自分を失ってしまう、場合によると、頼った相手にうまく利用されたり、取り込まれてしまって身動きができなくなったり、子分にされたり、それこそ、何とかグループみたいなところに入れられて、抜けられなくなってしまう。人に頼るということは、こういう危ない関係を含んでいるということで、人間は誰でも依存に関する不安をもっています。

こういうことは大学なんかでもときどきみられることで、つい最近も、ある大学院の学生さんが相談に来ました。自分が信頼している先生に指導を受けていて、研究を一緒にやって、最初は先生の命じるままに徹夜をしてでも仕事をこなして奉仕していたんだけれども、ふと気がついたら、自分はその先生の口利きがないと就職先も決めてもらえない。だけど一緒にやっているうちに、その先生が人格的に尊敬できなくなってきた。あまりにも自分を酷使するので、結局自分は利用されているだけなんだという気持ちになってきて、その先生から離れたくなった。だけどいま離れると就職の世話もしてもらえない。あまりに軽率にその先生に頼りすぎてしまった。どうやったら抜けられるだろうか、と相談に来たのです。

どういう人だったら頼っていいか、どういうシステムだったら信頼できるのか、といった見極めが、やはり現実的には大切でしょうね。うっかり頼ってしまって、あとで取りかえしがつかなくなって、どうして、こんな人を頼ってしまったんだろうということもありえますから、依存といっても、一概に無条件で頼ればいいんだというわけではありません。やはり、自分なりのプライド、誇りとか、相手に対する信頼とか、相手に利用されないための準備とか、いろいろなことを見極めながら依存するというのが、じょうずな依存のしかたです。つまり、よい対象を見つけて依存する、依存のあり方が大切なのです。

甘えを認めるようになったアメリカ

依存ということで、もう一つお話ししたいことがあります。

アメリカの個人主義的な生き方というのは、われわれ日本人にとっては、長年のあいだ、お手本というか理想になっていたところがあったんですけれど、最近のアメリカの精神分析や心理学的な領域は、かなり大きく状況が変わってきています。人間は、甘えたり、依存する対象を一生必要とする。簡単に自立して、あとはずっと個人主義で自立していけるというようなものではない。それは、一種の絵にかいた人間像であって、人間というのは相互依存関係の中でやっていくのがほんとうで、そういう依存し合える相手や仲間、対象となるものをじょうずにもっていける人が、むしろ、心の健康を保っていける人だという考え方が、大きく広がってきているのです。

土居先生なんかは「最近のアメリカの精神分析は、僕の提唱した〝甘え〟を認める方向に

なっている」と喜んでおられます。たしかに、いま欧米では、日本の甘え文化というものが

認められはじめています。人間にとっては、おとなにとっても子どもにとっても、甘えとい

うのがすごく大切なことなんだという考え方が、広がってきているといえると思います。

一体感を抱き合える相手をもつ

少し理屈っぽいお話になりますが、コフートという人が、「セルフ―オブジェクト」とい

うことを言いました。「セルフ」とは、〈自分〉のこと。「オブジェクト」とは、〈相手〉のこ

と、〈対象〉のことです。セルフ―オブジェクトあるいは、「自己対象」といいますが、これ

はどういう意味かといいますと、お互いに、一体感を抱き合えるような相手のことをいいま

す。絶えず私の身になってものを感じたり考えたりしてくれる人、私が嬉しいと言うと、一

緒に喜んでくれる。自分が失敗してみんなに非難を受けていても、あくまでもこちら側に

立って「みんなが非難している気持ちもわからないでもないけれど、あなたもこういう言い

分があったのだから、あなたもかわいそうね」とか、「あなたの思っていることも、もっと

もだわ」とか言ってくれる人、そんな人が「自己対象」といわれている人です。

人間にはそういう人が絶対必要なんだとコフートは言っています。私にもそういう人がい

ろいろな分野にいて、そして何か困ったことや悩みごとがあると電話をかけて「僕はこう思うけど、君はどう思う」と相談する。そういうときに、真っ向から「それは、先生のほうが考えが甘いですよ。やはり、みんなの考えのほうが正しいと思いますよ」と、バシッと言われるような人には電話をしない。「それは無理もないなぁ。やっぱり、それはひどいなぁ」と、こちら側に立ってくれる人だけに電話する、ということになるでしょうね。

ひところ、東京都の中学生くらいの教育相談やPTAのような会で、「何年生になったら、専用電話をもたせたらいいでしょうか」といったことが、よく話題になりました。最近では親離れの一つとして、中学生くらいから電話フレンドをもつというのは、とても重要なことのようです。夜遅くまで、ペチャクチャ、ペチャクチャと学校であったことを話し合って、文句を聞いてもらったり、こっちの身になって「そうだ、そうだ」と言ってくれるようなお友だちをもつということは、この年代の子どもたちにとっては、きわめて大切なことなのです。これがおとなになると、たぶん飲み仲間なんかになるんでしょうね。

ストレス解消にとっていちばん大切なことは、こうした親身になっておしゃべりし合える仲間、パートナー、配偶者、親子関係をもてるということだと思います。それは、一種の甘えの対象で、「まあ、きょうはちょっと甘えさせてもらおうか」と言って、「そうだ、そうだ」と言い合えるような人を、みなさんもご自分の心の健康のために、おもちになってください。おそらく、カウンセリングとかメンタルヘルスの領域でお世話をするときにも、大切なのはわれわれがこういうよい共感の相手になってあげる、そういう役目をとってあげることだと思います。人間というのは、少なくとも健康な心を保っていくためには、独りぼっちでは、なかなか生きていけないということです。

小西聖子さんという精神科医がおられますが、彼女の研究の一つに、子殺しの研究があります。私は、母子関係の研究をしておりますので、小西さんを一度慶應大学にお呼びして、その研究についてのお話をお聞きしたことがあるんですが、そのときすごく印象に残ったことがあります。それは、子殺しで、たとえば精神障害者の子殺しというのがたしかにあるんですが、分裂病（統合失調症）の場合でも、うつ病の場合でも、病気で、たとえば幻覚妄想で子どもを殺すということは、彼女の精神鑑定では〝ない〟と言っていましたね。むしろ重要なことは、そのお母さんが精神障害にかかることによって、周囲とのコミュニケーションを失う。たとえば、夫との交流がない、お友だちもいなくなる、近くの人もいなくなる。つまり、精神障害になって孤立して、ほんとうの意味での依存対象がいなくなってしまう。まわりから孤立するということが、子どもを殺すことへと追い込まれていく最大の原因であると、彼女は考えています。

私もそうだと思います。精神障害を考える上でいちばん大切なことは、精神障害にかかるということだけではなくて、それが原因で孤立するために、依存関係をもてなくなるということです。それが、ひじょうに大きな問題になるのだということを、ここでもう一度強調して、結びの言葉といたします。ご静聴ありがとうございました。

II

思春期の娘と母

——親に秘密をもつことの意味

いま、女性の自立が叫ばれているが、その一方で、母と娘の密着一体も口にされている。そして、女性の社会でのあり方は多様化している。母親の生き方がそのまま娘のモデルにはなりにくい時代になってしまった。それだけに、社会に向かう方向で母と娘が支え合う力を発揮することがなかなかむずかしい部分がある。とりわけ、社会人としての自分を全うするとか、結婚という形態をとらないで、自由な愛情生活や性生活をもつとか、この種の新しい女性の生き方を抵抗なしに母親が受け入れることには、頭ではわかっても、心情としてはむずかしいことが多い。この母と娘のズレが、娘を悩ませ、母を苦しめる。しかし、その一方で、一卵性母娘といわれるような密着した母子関係がある。情緒的に密着しているが、いざ母を離れた自立した女性として行動すると、母とはまったく別なものの考え方や行動をしなければならない、この矛盾に悩むのが現代の母と娘である。

思春期の子どもたちが親離れするときの親の役割として、本章では、子どもが見えなくなったとき（自分の視野から離れたとき）、また視野の中に戻るのを信頼して待って子どもを受けとめる、どんなに子どもに反抗され批判されても、その傷つきに耐えながら何とかサバイバル（生き残る）して子どもを支える……などをあげている。

1．娘に伝えたい新しい女性の生き方

本日は「思春期の心の発達と親子関係」ということでお話しすることになっておりますが、女性の方が多いようですので、二一世紀にむけての新しい女性の生き方とか、そういうお話をしながら、思春期のほうに話を進めたいと思います。

娘の進学先をどうするか

このごろ思春期の娘さんをおもちの方とお話をしていて思いますことは、ご両親にとっていま何がいちばん心にひっかかっていらっしゃるかというと、お嬢さんが高校を卒業したら、どの辺の学校に進ませたらいいかということのようですね。

問題は二つあって、一つは男女共学の学校に進ませるか、それとも短大も含め女子大に進ませるか。これが一つ。もう一つは、自宅通学が可能なところにするか、思いきって遠くの学校に行かせるか、ということでしょう。その辺についての話から始めたいと思います。

やはりこれからは、どうせやるなら四年制の男女共学の大学にやったほうがいいんじゃないかと思う方や、娘さんたちご自身もそういう希望をもった方が増えていくんじゃないかと思いますね。二一世紀になると、日本は高齢社会を迎えて、六五歳以上の人口がどんどん増えます。そうなると、三〇代、四〇代くらいまでの世代の人々は、たとえ女性であっても、結婚していても、みんな働かないと高齢社会を支えていくことができないという予測が生まれています。ですから、いま総理府は一所懸命、働く母親の比率を上げようと努力しているところです。そのために男女雇用機会均等法をつくり、育児休業法案を通し、セクハラ問題を徹底させ、女性が子どもを育てながらでも仕事を続けられるような環境をつくっていくというのが、いま日本社会のひじょうに大きな課題になってきています。

少なくともわれわれからみると、そういう見通しになってきています。これからはだんだんと職業をもち、結婚するにしても、あるいは子どもさんをつくるにしても、仕事を続けていく心がけでやっていく女性が、求められるだろうと思います。そういう方向からいえば、やはり現にみなさんが考えておられるように、あるいはまた娘さんたちが思っているように、やはり四年制大学、男女共学の大学に入れて、一生続くキャリアをもてるような教育方針をお嬢さんたちに設定してあげるのが、ほんとうの意味での親の愛情かなというふうに思えますね。

結婚ストレス――男女の結婚観の差

ところが、すべて世の中のものごとというのは、進歩があると反動がある。いいことがあると副作用があるようなもので、もちろん向井千秋さんとその夫のようなカップルもありますけれど、反対に、大きな声ではいえませんが、いまお医者さんたちのあいだにはこういう言葉もささやかれています。「四大男女共学卒の女性と結婚するのはやめよう」と。お医者さんというのは、夜うち朝がけで疲労困憊しています。ですから家に帰ったら、ただただ奥さんに尽くしてもらって休養したい。ストレス解消のために、私は奥さんをもらうんだと。ところが、ああいう強い女性たちと一緒にいたのでは、逆にどんどんストレスが高まっていって、ストレス解消どころか家庭がまたストレスいっぱいになってしまう。これではちょっと困るので、結婚相手には女子大か短大卒のお嬢さんのほうがいいという考え方です。

もっと極端な話で、私の知っているある女子大では、「私のところは花嫁学校です。保守的ないい奥さまをつくってさしあげます」というのを堂々と売り物にして、これからの教育産業の生存競争を生き抜こうとしています。ですから、いまのお話は、みなさんがこれからお嬢さまの進路をどういうふうに選択するかということの一つのご参考になるのではないでしょうか。

一方で、男性の中には育児も家事も一緒にやっていいという方が、たしかに増えてきています。ある教授の話なのですが、彼がある雑誌のインタビューを受けました。「父と娘」というタイトルで、娘がインタビューを受けているのを彼はそばで聞いていたのですが、「どういう男性が結婚の相手にいいんですか」と聞かれて、いちばん最初に「料理のじょうずな人がいいですね」と言ったというんです。彼はそういう娘をみて唖然としてしまいました。二人でインタビューを受けているんですから、せめて「父親のような学者がいい」とか何とか言ってくれるんじゃないかと思ったんですけれど。そうしたら、彼女はやはりそういう人を見つけたそうですね。彼女が勤めに出るとき、ちゃんとお弁当をつくってくれるような男性です。それでいて、ごく普通の人なんですね。

だから、いまはこういう男性が女性に人気があって、どうもこういう男性はいい女性と結婚できるらしい。昔流の亭主関白でやってるいる人はだめなようです。有名な結婚相談機関が、のきなみ潰れているのをご存じですか。というのは、若い二人を組み合わせてもまとまらないんだそうです。女性はみんな上昇志向というか、自立志向、キャリア志向なんですよね。ところが、男性はさっきの病院のお医者さんのような旧態依然の人が多いから、話がくいちがって結婚がまとまらない。それくらい、いま男女の考え方に格差が起こっています。

だから、そういう年代のお嬢さんをもっていらっしゃるお母さん方もたいへんだろうと思いますね。どういう方向に娘さんが行くのがほんとうの幸せなのか、なかなか簡単には決められないですから。いまの時代は価値観が多様化して、それぞれの個性にあった価値観で人生を選ぶ自由が与えられた、ともいえます。それぞれのお嬢さんとか、ご家庭の方針に応じて、どの辺を選ぶかを決めていくということになるのでしょうね。

映画『クレイマー・クレイマー』

私は、慶應義塾大学の湘南藤沢キャンパスというところで教えているんですが、ここはひじょうに進んだところで、海外帰国子女も多く、偏差値も高くて活発な校風をもっています。そこにいる女子学生は、ほんとうにみんな活力に溢れるような人たちで、なかなかいい雰囲気です。

ところが、その進んだ彼女たちに、『クレイマー・クレイマー』という映画を見せて感想を聞いたときには驚きました。私は講義で映画を見せて感想を言ってもらったり、討論会をやったりするんですけれど、ちょっと古い映画で一九七〇年にできた『クレイマー・クレイマー』を見せました。

あの映画はけっこう歴史的な意味をもっています。ストーリーはこうです。ひじょうに恵まれた、将来は部長にもなりそうなエリート・ビジネスマンの家庭がありました。可愛い四、五歳の坊やもいます。メリル・ストリープが妻の役を演じているんですが、妻はあるとき自分の夫が仕事に夢中になっていて、自分に対する男性としての愛情がもはやなくなっていることに気づくんです。と同時に、かつては精力的に仕事をしていた自分が、いまはただ家庭の主婦になっていることにすごく虚しさを感じて、革命を企てついに家を出て夫と別れ仕事に戻る、というのが映画のテーマです。

目の前の現実がすべて

この映画に、もっとも進んでいる女子学生たちがどんな反応をしたか。私もちょっと意外だったんですけれど、六〇〜七〇パーセントの女子学生は、ひじょうに保守的な反応をしました。私たちがもしあの妻だったら、とても家なんか出ないでしょう。あんな立派な家に住んで、出世コースにいる男性がいて稼ぎもあって、あんなに可愛い坊やがいて、どうしてわざわざ家を出て自立しなければならないんですか。あのままでしあわせじゃないですか。ちょっとぐらい愛情が欠乏してたって、それは適当にやっていけばいいんです。いま「女性の自立」なんていうのは虚しいうたい文句で、どこに行っても就職難で、総合職なんて夢の話。どこかに就職させてもらうのがやっとということの不況の時代に、それ以上贅沢なことは言えません、というのが六〇〜七〇パーセントでした。

わが国のもっとも先端的な女子学生がこういう保守的な発言をするというのには、実際、驚きましたね。彼女らには、フェミニズムなんてまったく関係ないんです。あれはどこかのおばさんたちが旗をふって騒いでいる理念であって、私たちはそんな抽象的な理念なんかでは動きませんよ。目の前の現実で、しかもそれが自分にとって利益か不利益かだけで判断するんですから。いまの状況でいったら、苦労の多い自立より、よい男性、出世しそうな男性を見つけて、よい子を産み育て、よい家庭をつくるほうがずっとうまくいくんじゃないの、と。こういう方が六〇〜七〇パーセントを占めたわけです。

みなさん方のお嬢さんもこういう現実主義でしょうか。教育という見地からみれば、あんまりまわりの意見に惑わされないで、自分の暮らしとか自分の力量、自分の環境とかに応じて現実的な判断をすることができるような教育をするということが大切なのかもしれません。いろいろな世の中の風潮とか理念に惑わされることなく、現実主義でやっていくということですね。

ところが、残った二〇パーセント以上の女性は、私に向かってかなり厳しい反論を加えました。だいたいこの映画を教室でお取りあげになっている先生の取りあげ方に間違いがあります、と言うんです。この映画は一九七〇年代にアメリカでつくられた映画で、女性が職業的、社会的に自立するということと、結婚生活、母親でいることが両立しないという前提でつくられた映画です。つまり、それは一九七〇年代のアメリカが、実際にそうだったんです、と。だから、この映画を見たとき、六〇～七〇パーセントの人にそういう意見が出るのは、先生の映画の出し方に問題があるのです。前提が間違っているというわけです。どういうふうに間違っているかというと、私たちは、最初から私たちが仕事をしていくということと結婚生活が、子どもができたときにも両立できるという見通しのついた男性とでなければ結婚しません。また、それが納得できない男性は相手にしませんから。この映画はそうした前提が違っているから、みんなはこの映画にはあまり乗っていけないんです、と。これが残りの二〇～三〇パーセントの女性の考えです。こちらが大学が期待している、これからの女性のあり方でしょうね。

ところが、五パーセントのちょっとヒステリカルに発言した女性たちがいました。ああ恥ずかしい、なんでいまさらこんな議論を大学の教室でやらないといけないんでしょう。こんなことはニューヨーク、ロサンゼルスだったら文字どおり二〇年前の議論で、日本はこんなに遅れている。私たちは情けない、と。これは海外帰国の女性たちでした。これに対しては、まあ、ここは日本なのだから、七〇年代のアメリカ映画のような状況がまだ現実としてあるんだからしかたがないんじゃないかしら、という反論もありました。

母の生き方、娘の生き方

このようなのが、現代の女子学生の雰囲気でしょうか。ですから、こんなことも念頭におかれて、ちょっとお嬢さん方のことを考えてごらんになるといいと思います。それからこういうお話は、みなさんご自身の人生設計にもいくぶんか影響する可能性がありますよね。いまからでも遅くないとお思いになるかもしれませんから。

私の秘書の方なんかも、ちょうどみなさん方ぐらいで、下の子どもさんが小学校の上級生、上の方が中学くらいから仕事に戻られて、私の秘書をやってくれています。ご主人には悪いですけれど、あのまま主婦でいるのとは全然世界が違ってくるのではないかと思いますね。ちょうどみなさんくらいの年代です。みなさんも、人生八〇年の時代ですから、まだまだ人生のおそらく半ばにも行っていないでしょう。たった一人の夫とか、わずかな子どもだけのために人生を捧げるなんていうのは、ちょっと無理だろうと思います。もっと大きな視野でご自分のことを考えられたほうがいいですね。やはりお母さんがそういう感覚をどのくらい豊かにもてるかが、これからのおそらくお嬢さんたちがどれだけ自分を自由に発揮していけるかというところの広がり、あるいはふくらみというものと、すごく関係してくると思います。

お母さんたちがそこをギューッと締めてしまって、この枠でしか生きられないというふうに狭くなっていくと、お嬢さんたちが広がって自分をふくらませていこう、発展させていこうというところでぶつかりますよね。どういうふうになるかというと、ここはお母さんに言ってもしょうがないとか、これ以上私のことを主張するとお母さんを傷つけるとか、お母さんの人生の挫折を刺激することになるとか、それはやめといて私は外でやっていこうとかいうふうに、そこに距離ができてしまいますから、やはりお母さん方も心の広がりというものをふくらませておくことが、とくに思春期の子どもたちの発達をどう受けとめていくかというときに大切なことになると思います。

だからといって決して、すぐにみなさんが何か仕事をもつとか、あるいはボランティアをやるとか行動しろと言っているのではないのです。心の内面にそういう広がりをもてるかどうか、つまりそういう視野をもてるかどうかということがとても大切ではないか、という意味です。

2．思春期の子どもの秘密と嘘

親離れのプロセス——親イメージの変化

いままでのお話は、思春期の心の発達の一つの課題は、子どもたちが将来自分がどういう人間になっていくかという理想像とか、価値観というものを、親との間でどんなふうに体験していくかということになります。一般的にいえば、子どもたちは思春期に入っていくまでは、親から受け継いだ価値観とか人間像がいちばんいいと思ってやってきています。しかし、最近の子どもたちは早いですから小学校の上級生くらいになると、親というものをちょっと別の目でみたり、外から眺めたりするようになってきて、だんだん親とは違ったものの見方や価値観を身につけていくようになってきます。それが少しずつ進んでいく過程が親離れのプロセスといえます。

その過程は、高校を出るくらいまでずっと続いていくんですが、そのとき子どもたちの中にいろんな気持ちが起こってきます。子どもにしても、できれば子どものときからのお父さん、お母さんのままのイメージを抱きつづけていたいという気持ちが一方にあります。ずっといいお父さん、お母さんとして尊敬していたい、お父さんがいちばんいい、お母さんがいちばんいいと思っていたい。ところがもう一方で、だんだんとものを見る目が発達してきますし、知識も増えてきます。そうすると、親を客観的に眺めるようなものの見方も出てくるわけです。

　全然違ったことを言うようですけれど、私は、すごく不思議な体験をしたことがあります。まだ、四歳くらいだったと思うんですけれど、私の家の近くに女の浮浪者の人がいました。たぶん精神病の方だったんじゃないかと思うんですが、道端で胸をはだけて赤ん坊におっぱいをあげたり、ボロを着て裸足で歩いたりしていました。戦争前の話です。幼い私はときどきその女の人に会うんです。そのとき、赤ん坊は無心にお母さんのおっぱいを飲んで、お母さんにヌクヌクと抱っこされている。こんなみじめなひどい状態のお母さんでも、この赤ん坊にとってはこのお母さんが絶対いちばんいいお母さんなんだろうなと思うと、ひじょうに不思議な気がしました。

　人間というのは、親に対してはまずみんな、いまのこの赤ちゃんみたいなところから人生が始まるわけです。ですから、親離れというのは物理的に離れるということではないんですね。だんだん親のイメージが変わってくるということです。あの子だって五、六歳になったら、「うちのお母さんは、ちょっとおかしい」というのがわかるようになるし、小学校にでも行ってほかの友だちと一緒になったら、「うちのお母さん恥ずかしくて」というふうになるでしょうね。

　お母さんがまわりから見てどんな人か、だんだんわかってくる。最初のうちは父母会にお母さんが来てくれてうれしいという段階があって、だんだん大きくなると、うちのお母さんはほかのお母さんに比べて美人か不美人かとか、着ている洋服はどうか、先生方にどんなふうに見られているかといったことを気にするようになってくるでしょう。そのときに彼女、彼の心に「お母さんいやだ」とか、「恥ずかしい」とかいう気持ちが起こってくると、そこで彼らはひじょうに傷つくわけです。

実はこういうのが親離れということなんです。もちろん、彼らは思春期、そうですね、高校生くらいまではそんなことを表立って親に話さないですよね。心のどこかにそういうことを思っていても、そういうことは口に出さない。でも、もうちょっと理解があると、お母さんはこうこうでこういうふうなんだなとか、あっちのお母さんはお金持ちだから立派なかっこうをしているけど、うちはお金がないからこんなかっこうなんだとか、だんだんわかるようになっていきます。それが親離れということなんですよね。

親として生きのびるということ

次に、お父さん、お母さんの仲がいいとか悪いとか、こういうこともだんだんと見えてくるようになります。これは誤解しないで聞いてほしいんですけれど、男性でも女性でも、夫婦以外の人を好きになったり、恋人をつくったりするということがありますよね。ですが、子どもさんが中学、高校のあいだは何とか我慢しろ、と。それは、子どもが大きくなったらいいと言ってるわけじゃないんですけれど、少なくともそのあいだは我慢しろというんです。やはり中学、高校時代の両親の夫婦仲というのは、子どもにとってはすごく大切だと思いますね。そういうことについて、ひじょうに敏感によくわかってきますから。わかってくるだけに大切なんです。

そのときにいろんなことがあっても、やっぱりお父さん、お母さんは、いいお父さん、お母さんだという思いが、どんなに批判しても子どもの中にちゃんと残っていくような親であるということがとても重要ですね。こういうのを精神分析では「サバイバル」といいます。思春期の親に求められるいちばん大切なことは、思春期になった子どもたちの厳しい反抗や批判に耐えて、最後まで親らしさを失わないで生きのびることができるということです。

こうして親として生きのびるのは、実はたいへんなことなんです。子どもが思春期のあいだ、最後まで親としての信頼と愛情をもちつづけるということは、ほんとうにたいへんです。ところがこれが大学生になると、ぐっと楽になります。高校生までと大学生とでは全然違う。ですから、高校までたいへんだった子どもさんでも、半分くらいは楽になるんじゃないですか。ものわかりがよくなって分別がついてきますから、中学、高校のとき、つまり思春期がたいへんでも、何とかもうあと数年だと思って頑張ってサバイバルしてあげてほしいと思いますね。これがやはりいちばん大切なことだろうと思います。

子どもの批判や反抗を二人で受けとめる

サバイバルするときは、夫婦のつながりというのがひじょうに大切になります。きょうみたいなお話は、ほんとうは夜間に講演会を開いて、必ず夫婦が同席するというふうにするほうがいいかもしれませんね。やっぱり、お母さんを支えているお父さんの姿というのは、子どもにはとても大切なことだろうと思います。

何を言いたいかといいますと、子どもはそうやって親に反抗したり、批判したりするんだけれど、内心求めているのは、自分は親離れをしていくけれど、困ったとき、心細くなったとき、外に出て失敗したとき、ちゃんと戻ってきて助けてもらったり、甘えたりできるような親でありつづけてほしいということなんです。ちょっと矛盾していますよね。一方で批判したり、攻撃したりするわけだから、口では「俺は親なんかいらない」みたいなことを言うときもあるでしょう。けれども、心のもう一方では、そういう中でちゃんと生きのびて、台風になったら錨を下ろして休息できる港のような存在として、いつもお父さん、お母さんがいてくれるという実感をもちたいと、子どもは思っているんです。そういう実感を子どもに与えることができるように親として頑張るということ。これはむずかしいことではなくて、適当に応対しながらこちらはあまり動かないで、つまり親心を失わないでじっと受け身で待っていてあげるということです。もう一つは、お父さんとお母さんがなるべく仲良くして、二人で受けとめるという形がつくられていることが、ひじょうに大切なことです。

子どもの秘密と嘘

この問題をさらに具体的にお話ししましょう。親離れというのは心理学的にはどんなことを言っているのかということについて、いままでは親イメージの変化についてお話ししました。つまり、子どもの時代にできあがっていた、〝うちのお父さん、お母さんほど、いいお父さん、お母さんはいない。いちばん立派で素晴らしい〟という思い込みの変化。お父さん、お母さんもただの人というふうに見えてくる、このイメージの変化が親離れの一つであるということをお話ししたわけです。

二つ目にちょっとむずかしい言葉を使うと、「秘密と嘘」というテーマがあります。私の本に『秘密の心理』（講談社現代新書）というのがあるんですが、ここで言っているのは、思春期の子どもにとってとても重要なテーマは、親に秘密をもつことだ、ということです。親に秘密をもてるようになるということは、子どもが親とは異なった自我をもち、親と自分のあいだに心の壁をつくるということです。

むずかしいのは、ほとんどの親や学校の先生は、小さいときから「嘘をつくのは悪いことだ」「何でも正直に言いなさい」と言っていますよね。子どもも小さいときは、自分が悪いことをして親に隠しても、みんな親にばれてしまう。おとなにはわかってしまうんだと思って、嘘がつけない段階があります。ところが、正常な心の発達を遂げて中学、高校のころになると、子どもはみんな親に内緒ごとをもつようになる。だから、嘘をつくようになります。

ここで大切なことは、健康な嘘や秘密と、ちょっと逸脱した嘘とか秘密のもち方とを区別することです。非行だとか万引きだとか、場合によるといかがわしい集団に入ったりとか、子どもたちがそういうことをするときには、むしろ親に知られない世界をうまくもてないためにそういうところに行ってしまうという場合が、しばしばあります。健全な嘘とか秘密というのは、そういうむずかしいことではなくて、自分が感じたり、思ったり、昼間学校であったりしたことを全部、右から左に親に話さないですむようになるということです。

かつて、テレビドラマの「冬彦さん」というのが、ずいぶん話題になりました。冬彦さんは、マザコンの権化のような男性です。ところが、ある女の日本研究家の先生によれば、現在の日本の男性は、ほとんど冬彦さんだということになるらしい。そういう私も、実はすごいマザコンだったと思います。小学校時代は家に帰ると、とにかく母親が家で待っていてくれないと駄目でした。家に帰って玄関をあがると、私がまずまっすぐとんで行ったのがお菓子のある棚で、そこからおやつをとり出して、それから母親のそばに座ってその日学校であったことを一〇分だか二〇分だか聞いてもらうと、やっと家に帰ったという感じがするわけです。だから、家に帰ったときに母親が用事でいないと、もうそれだけで調子が狂うくらい私は冬彦さんでした。

その私が母親離れをするのはけっこうたいへんでした。ところが、うまくできているもので、女性の前でちょっと言いにくいんですけれど、私の場合、母親とのあいだで秘密ができたのはマスターベーションでした。マスターベーションを親に見つかるというのはすごくいやなんです。一度夢精というのをしちゃったんですが、男の子ってパンツを汚すことがあるでしょ、そのときはパンツをカバンにつめて、学校の便所に捨てました。すごい冒険をしたような気分で、これが母親離れのきっかけでした。そのとき「ママ汚しちゃったよ」と言えば、これは永久に冬彦さんで、こういう人が結婚して「奥さんとうまくやってるの」なんてお母さんに聞かれて、いい子になって、しまいには精神科に連れてこられるということになるんです。

女の子だってそうだと思います。お父さんと離れるのはやはり生理がきたとき、第二次性徴が始まると、それまでは無邪気にお父さんとお風呂へ入っていた女の子が壁を作りますでしょ。そこでお父さんと娘とのあいだに男、女という境目ができることで、女としての自己ができてくるわけです。お母さんとは逆で、私の妻の話だと、はじめて生理がきたときにお母さんがお赤飯をたいてくれたといいます。昔はそういう風習がありましたね。これは娘にとって、母親と娘という女同士の連帯感がひじょうに強くできて、それまではお父さん子だったのに、こういう話はお父さんにはしないという世界ができるんですね。

自立とは心に境界線を引くこと

こうやって秘密をもつことを、英語ではバウンダリー（boundary）といいます。〝境界線〟

というんです。このバウンダリーを一つひとつつくっていくときに、秘密というのはひじょうに重要な機能を果たしているのです。思春期のとき、子どもは誰に何を話し、何を話さないかを、だんだんと身につけていきます。そしてこれを身につけていくところで、その子の〝自己〟というものが育っていくわけです。

まず、中学生くらいに第二次性徴期といいますが肉体的な変化が起こり、その結果、男の子、女の子という自己ができていって、そのあいだに親とのあいだの境界線がだんだんできあがっていくのです。ここをまずしっかりともつことで、男、女としての慎みとか、恥、距離、遠慮とかが身についていきます。

秘密をもつことは成熟の証

第二段階は、そうですね、中学三年くらいから高校一、二年生くらいですね。このころには、親に言えないいろんな心の秘密をもつようになります。みなさんは『アンネの日記』という本を読んでいる方が多いと思いますが、いまの若い人は『アンネの日記』を知らない人がけっこういますね。あの本には、まさにこれくらいの年齢、一三～一五、六歳の思春期の少女が、どんなふうに親とのあいだに秘密をもって、自我にめざめていくかという素晴らしい記載があります。

アンネはひじょうに狭い隠れ家の中で、ピーターという男の子の家族と一緒にいました。

そしてピーターさんのことをだんだんと好きになるわけです。まず第一にピーターさんを自分が好きになっていることを、お母さんやお父さんが知ったらどんなにびっくりするだろうということが書いてあります。相変わらず私は無邪気なアンネでふるまっていて、自分の中にこういうおとなの女みたいな感情が起こっていることを親が知ったらどんなにびっくりするだろう、といった記載があります。

と同時に、このくらいになると、お母さんに対する批判をたくさん挙げるようになります。お母さんは最近、私と女同士の友だちみたいにかかわろうとしはじめているけれど、やっぱり私が求めているのはあくまでも母親らしいしっかりとしたお母さんで、そんな友だちみたいにならないでほしいとか、お母さんに対する文句がいろいろ書きつらねられています。そして、お母さんは私の本音を知ったらどう思うかしら、と書いています。

クライマックスは、ピーターと接吻をするときですね。このことを親が知ったら、ほんとうにどんなふうに考えるでしょうか。それから三か月くらいで、アンネもピーターも強制収容所に送られてしまうわけですけれど、アンネもああいう体験をもった上であの世にいったのは、まだせめてもの慰めかもしれません。

成熟は危機をはらむ

私の言っている親に対する秘密というのは、いまのような体験です。最近は「一卵性母娘」という言葉があるくらいで、何でもお母さんにしゃべってしまうというお嬢さんが多いようですが、この辺は何とも言わく言いがたしというところですね。やっぱり一方でこういう自我の成熟というものを遂げていくということが大切だと思います。

ただし、この自我の成熟というのはひじょうに気をつけなければいけない、心のもっともむずかしいデリケートなストレスをつくり出します。これはある意味では、その少女の〝自我の危機〟といったらいいでしょうか。とても微妙なものです。親にはいまのようなことは言わない。それで、自分だけで誰かを愛したり、誰かと二人だけの秘密をもっている、といったことも起こりうるからです。

アンネはいきなりピーターでしたけれど、日本の多くの女の子は、この途中に同性の友だちというのが入ってきます。中学の終わりごろ、たとえば交換日記をするとか、女同士の親密な友だちをつくるとか。みなさんのお子さんたちはどうですか。ポケベルと携帯電話というのがいま東京では異常な影響をもっていますが、こちらではどうでしょうか。最近は、男の子と女の子のあいだで、互いに携帯電話をもっていて、ベル友（ポケベルの友）とか携帯電話の友とかを決めてやるのが流行っているようです。親には内緒の、誰にも知られない特別の親密な友だち。それでいて、話している内容は、「おはよう」とか、「これから眠る、おやすみ」とか、「好きだ」とかいう程度のたわいないことみたいです。

でも、いまファックスとかポケベルとか携帯電話とかいう新しい通信システムが、人間関係にひじょうに大きな影響をひき起こしています。一つは夫婦関係への影響です。そばにいる夫よりもポケベルや携帯電話の彼とのほうが親密になってしまう。それから、これがいちばんはっきり現れているのが思春期の子どもたちで、ポケベルや携帯電話をもつようになって、みんな親には内緒の関係、秘密の関係というのを大量にもつようになってきています。もちろん、これは心の発達からいうと必ずしも悪いことではないのです。親には内緒で親密な同世代の友だちや仲間をもつということは、それ自体はとても健全な心の発達です。ただし、親にかわる同世代の親密な相手が健全であればです。これがテレクラのおじさんであったりすると、困ったことにもなるわけです。

同性の親密な友をもつ

では、男の子と女の子が携帯電話をもって実際にどんなことをやるかというと、学校でさよならをしますね。駅で向こう側とこっち側のホームに別れる。すると、もうそこから始まるわけです。「また明日会おうね」「じゃ電車に乗るよ」。電車に乗って一駅すぎました。いよいよ二人は反対の方向へ。「一〇分たったね」。その次は「いま駅に着いた」、それから「家へ着いたよ」です。これはすごい、一体感が起こるわけです。こういう秘密のもち方は、アンネの場合とはちょっと違ってきますね。ここで大切なことは、親に秘密をもったら、その分だけ同性の、できれば同年齢の仲間とのあいだに親密な関係をもつことです。できれば最初は同性がいいですね。同性を通り越していきなり異性の親密な人のところへ行くのは、ちょっと危ないですね。

精神医学ではこの年代のときに同性の親密な友だちを親がわりにもてるかどうかが、その子どもの心の発達を大きく左右するといいます。女性の場合、ここでいきなり親密な関係が男性になってしまうと、その人は次から次へと親密な男性を求めるようになる恐れがあります。これが思春期の発達でひじょうに大切なところです。よい女友だちをもてると、その人はたとえ結婚して夫とうまくいかなくても、女友だちのところで踏みとどまることができます。それがお母さんがわりにもなるんです。みなさんもきっとこういう女同士のおしゃべり仲間とか、電話友だちとかをもっていらっしゃると思いますけれど、これは人生にとってひじょうに大切なことなのです。

心の発達には順序がある

親離れをするということは、つまり親がわりを見つけるということなんですが、親がわりのない親離れはとても危険です。というのは、親にだけ秘密をもっても、秘密を共有する親しい人が誰もいないという状態があまり続くと、ひじょうに孤独で、孤立した状態になって、あまりよくないのです。登校拒否なんかになると、この親密な友だちが学校でできない。あるいは仲間ができない。しかし、一方では親離れをしなきゃならないといったような空白のときに、ひじょうに無気力になったり、憂うつになったり、場合によると生きていたくなくなったりするんですね。こういうふうに親密さということが、このころの子どもにとってはとても大切です。秘密は親密さということにつながるわけです。

同性の仲間や友だちをもてるようになり、その次に高校三年生から大学一、二年くらいで異性のこういう親密な、気持ちを通い合わせるようなお友だちができると、ほんとうは心の発達としてはちょうどいいんじゃないでしょうか。

専門的にはちゃんと心の発達には順序がありましてね、順序どおりに発達していると、その人の心は健康に発達していくことができるんです。ところが、順序を踏まないでいきなり異性関係をもってしまったりすると、心の発達の世界にとってはあとあとひじょうに不幸なことが起こってきます。やはりちゃんと男性と女性の親密な愛情というものを体験できる能力ができて、その次にはじめて愛情関係とか肉体関係がもてるようになるのがもっとも望ましいことでしょうね。

親密さとは秘密を共有すること

秘密という言葉は、英語で「シークレット（secret）」といいます。秘書のことは「セクレタリー（secretary）」といいますね。これは「秘密を扱う人」を意味します。この言葉はラテン語の「ゼクレータ（secreta）」という言葉から出ているのです。ゼクレータというのはもともと〝分泌物〟を意味します。つばとか汗とか精液とか、そういうものをいうわけです。つまり人間がいちばん隠して内緒にしておきたいものが分泌物ですよね。人前でつばを吐き散らしたり、射精したりなんてことはできませんよね。いちばん隠しておくべきものです。だから、これが秘密の語源なんです。

秘密を共有するということが、「インティマシー（intimacy）：親密」ということになります。分泌物を共有するということは、もっとも人間にとって秘密にしておくべきものを共有するということです。それが親密さの証になるわけです。ですから、心の親密さがほんとうにもてるようになった人が、はじめて分泌物を共有してもいいということなんです。ところが、世の中には悪い男性がいて、分泌物だけを共有すればもう親密になれると思う人がいます。こういう男性にひっかからないように、ぜひお嬢さんに教えてあげてください。

大切なモラトリアムの時期

いままでのお話は、親イメージの変化について、自我の成熟と自己主張、それから親密さについて、さらに、親密さという問題が一つの大きな危機として経験される場合についてのお話でした。その次のテーマは、やはり男性、女性、それから自分の人生を考えていく際の価値観の問題です。これはむずかしくいうと、アイデンティティーの問題になってきます。自分がどういう社会人になっていくかということですね。

だいたいこの辺の社会意識というものがはっきりとしてくるのは、大学に入ってから、あるいは高校を出て社会人になってからで、自分が男性として、女性として、どういうイメージの人間になっていくべきかということが、すごく現実的な問題になってきます。ところが最近のように、高校から大学に入るときに、まるで人生のすべての進路を決めるようなつもりで、専門科目やコースを選ぶというのは、ほんとうはちょっと時期的に早すぎるように思いますね。むしろ、大学生のあいだにいろんなことを勉強して、視野が広くなってはじめて、ほんとうの意味での社会人としての自分のあり方というのが見えてくるんじゃないでしょうか。

ですから、大学入試でどこを選ぶかでその人の人生や進路が決まってしまうというふうに、あまりかたく考えないほうがよいように思います。アイデンティティーを確立するための準備期間が「モラトリアム」（おとなになるための猶予期間）ですが、このモラトリアムの時期が大学生のときに豊かにあってはじめて、社会人として自分がどういうふうな人間になるのかが、だんだんと自分の課題になっていくのです。ですから受験が終わったら、大学生になって、そういう猶予期間というか、おとなになるための準備期間がやっと来るのだというようなつもりで、お子さんたちを大学生活に送りだしてあげていただきたいと思います。

子どもとのあいだの距離に耐える

ここで、いままでのお話を逆にお父さん、お母さんのほうから、ちょっとふり返ってみたいと思います。先ほどサバイバルと申しあげましたけれど、サバイバルしていく、つまり親らしさをずっともちながら思春期の子どもが成長していくのを助けていくための条件というのを、少し考えていきたいと思います。

一つは自分の視野から子どもが消えてしまう、つまり中学生くらいまでは子どもは一応は自分の視野の中にいますよね。先ほどの私の小学校時代ではありませんけれど、子どもは「お母さん、お母さん」と何でもみんなお母さんに話すという関係がありました。そこにちょっと断絶が起きるんですよね。見えない部分ができる。もちろん子どもは表面的には、食事の話とか洋服の話とか、外側の話はいままでどおりしているでしょうけれど、だんだん心のもっと奥の、彼らのほんとうの自分の心は、親には言わないようになる。

それが親にとってひじょうに不全感というか、不安になってくるんですね。子どもと自分とのあいだに距離ができる。つまり、これが普通の言葉でいうと「子離れ」ということになるんでしょうか。子どもの親離れと同時に、親のほうもちょっと子どもとのあいだに距離ができることに耐えることが必要なのです。そのとき、子どもと距離ができることに耐えられない親は、どうしても「もっとちゃんと話しなさい」「嘘をついちゃいけません」「何をやってたの」と根ほり葉ほり聞きます。ほんとうは男の子とこっそりデートして帰ってきたのを、

「クラブが遅くなった」と言ったときに、「学校に行って調べたら、クラブは〇時に終わってるじゃないの。悪い子ね嘘をついて」とまぁ、こういうことをあまりやりますと、ますますそこで、子どもとのあいだにほんとうの意味での距離ができてしまいます。

ただ、それがどういう相手かというのはすごく心配ですよね。私も親として、娘が思春期のときはすごく心配しました。そういうとき、とくに女の子をもっている親は、ことに母親よりも父親のほうがもっとそうなんじゃないかと思いますけれど、いつもいつも頭の中のどこかで、娘が悪い男に誘惑されているんじゃないかとか、好きな男ができたらそれが妻子ある男性で、実は弄ばれているんじゃないかとか、そんなことばかり頭に浮かんでくるものなのです。

愛と信頼を失わないで待つ

ここで少し私の体験をお話ししますと、娘が高校二年生のときでしたか、突然、約半年にわたりまして、普通なら五時か六時に帰ってくるのが、一〇時すぎにならないと帰ってこなくなったんです。それで、妻も私もひどく心配しました。そのとき娘が、「私はけっしてそんなおかしいことをしてるわけじゃないけれど、絶対に何をしてるか親に言うまいと決心したから、いまは言えません」と言うわけです。「半年間我慢してくれたら、何をしていたか報告するから、私を信頼して待っててください」と。私も妻と二人で考えこみましたが、ここはもう運を天にまかせて、もしかしたら悪い男とデートを重ねているのかもしれないけれど、それはもうその人の運命だからしょうがない、ああ言うんだから我慢して黙って待っていることにしましょう、ということになりました。

半年したら、「いついつ、どこどこに来てください」と言います。それがまた新宿なんですよね。ひじょうにガラの悪い歌舞伎町というところのちょっと手前に、ジャズをレコードで演奏している喫茶店がありまして、そこに夕方来てくださいと言うんです。私と妻がおそるおそる行きましたら、何と彼女はウェイトレスをやっていました。半年間そこでウェイトレスをやっていたんだそうです。「とにかくやっと自分の誓ったとおり、半年間内緒でこのことをやり遂げて、たいへん自信がつきました」という報告をしてもらったんですけれど、親としてはその半年間、悪いことばかり考えましたね。

でも、結果的には、そこで彼女がアルバイトをやりとおして、まぁよかったんじゃないかと思っています。学校にも誰にも知られないで、無事にやりとおしましたから。こういうことは、子どもの成長のときには必要な場合があるんでしょう。だけどその場合も、ほんとうに安全か、ちゃんと戻ってこれるものなのか、悪いものなのかというところを判断しないで我慢しているというのは、親のつらいところですね。でも、子どもが思春期のときというのは、こういう危機を必ずどこかで通り越さねばならないというのがあって、ご参考にお話ししたわけです。

サバイバルというのは、そういうことです。子どもが視野から消えてしまっても、じっと信頼して待っているということです。その場合、大切なことは、こちらが愛情と信頼を失わないということですよね。そうしてじっと待っていることができるということがとても大切です。

子どもが一人で生きてゆく力を育む

おそらく、それを次から次へと潰していってしまったり、あれこれ調べて子どもの決心を挫折させるようなことになると、「私はいくつになっても親を頼っていて、しっかりした自分がもてない」という不全感がその子どもに残るでしょうね。やはり、子どもが思春期、そうですね、高校生くらいになったら、親がこの世にいなくなっても、自分は一人でちゃんと人生を送っていける、という見通しを子ども自身がつけられるようにしてあげることが、いちばん親切です。一生親に頼っているんじゃなくて、もし親がいなくなったとしても、何とかやりくりして、ちゃんと一人で人生を生きていけるだろうという確かな手応えを、高校を出るまでには子どもがもてるようになれれば、そのほうがいいんではないかと思うんです。

それには、ある程度の年齢になったら、思いきって自由にさせてみることです。もちろんそこでは、それまでの一五年なら一五年の教育が問われてきます。しかし、もしほんとうに信頼できる子どもだと思えるなら、どんなところにやったって大丈夫ということはありますでしょう。ただ、ひじょうにむずかしいのは、そうとう信頼できる女の子でも、こと異性関係だけは信頼できないんですね。これはまたちょっと、親がいくら教えても教えきれるものでもないですからね。とにかくこの問題だけはひじょうにむずかしい。ことに三年とか、五年くらいの単位でみると、そういえると思います。これが一〇年、二〇年という大きな単位でみると、どんな男性とどういうことがあったって、ほんとうにしっかりした女性は、それを通り越して、それこそサバイバルしていくことができます。

思春期の親子関係は〝かくれんぼ〟

ここで少し、これまでのお話をまとめてみますと、思春期の心の発達と親子関係というのは、よく「イナイ、イナイ、バァ」だといわれます。あるいは〝かくれんぼ〟のようだと。つまり、子どもがかくれて、いなくなってしまうわけです。でも、じっと待っていれば、必ずまた「バァ」と戻ってくる。またいなくなって、戻ってくる。子どもはこれをくり返しながら成長していくんです。そのとき、子どもがいつ戻ってきてもちゃんと待っていてあげるということ、親がずっと安定しているということがとても大切です。親はいつもどこかで子どものほうを向いていてあげる。そして、子どもの戻ってくる場所、家庭というものを、お父さんとお母さんでちゃんと守っていてあげることです。

これは大学生になって、親離れをしたくて一人で東京に来ている人なんかをみていますと、とてもよくわかります。東京で一人でやっているように見えていても、心のどこかで、ふるさとにいるご両親を支えにしてやっている。ですから、ふるさとの親が不安定になってくると東京の子どもが不安定になるということが、ずいぶんあります。

　こういうのをライフサイクルという視点からみますと、思春期、青年期というのは、〝親離れ〟と〝自立〟がテーマです。ところが、中年を過ぎますと、逆に里帰りの心理というのが生まれてきます。あのとき親に大事にされていたのに無理に親離れをしてしまったとか、家出同様に自立してしまったけれど、自分が子どもをもつような歳になると、それぞれ自分の親子関係というものをふり返ってみて、もう一度親と和解したり、親孝行したりしようという気持ちになるわけです。

　もっといいますと、思春期の子どもたちが健全に発達するかどうかは、その思春期の親、つまりみなさんが、自分たちの思春期、青年期の親離れ体験を思い返して、ほんとうにみなさんのお父さんやお母さんと仲直りをしたり、和解したり、いい関係になっているかどうかが大切になるのです。

　ですから、そこまで視野を大きく広げて、子どもさんのことをみてあげる、また、みなさんご自身も、自分たちのお父さんやお母さんとご自分の関係をもう一度ここで見直してみられますと、それがライフサイクルというものの中で循環していくわけです。どうもご静聴ありがとうございました。

Ⅲ　親と子の憎しみ、怨み

——母性の危機と新しい父親の役割

親らしい心が危機を迎えている。子どもをつくりたくない、生まれても子どもが重荷になって気持ちが落ち込む、どうして生んだのか悔やむ。「この子さえいなければ」と、捨てたい気持ちに駆られる。こんな悩みをもつ母親が増えている。幼児虐待に対する社会的関心も高まっている。自分がこんなになったのは、親に虐待され心が傷ついたためだ、そう思い込み、次々に親に対する憎しみや怨みを語る若者が増えている。たしかに、親と子のかかわりは愛だけではない。むしろ憎しみ、怨みが渦巻いている。フロイトは、幻想の中で父親を殺してしまった後に抱く、よい父親に対するあこがれや悔やみの気持ちこそ、人間らしい心の根源だという。いま私たちに求められているのは、中学生ばかりでなく、子どももおとなも誰もが、この現実を直視した上での新しい親子のあり方の発見である。

この観点から、これまでの日本の親のあり方をみると、父親と母親が、夫、妻としてお互いを支え合い、共に連合して子どもに対峙するという親子間のけじめが曖昧だった。むしろ父親に支えられない母親が子どもたちに支えを求める。そして、この子ども本位の親たちには、子どもの怨み、憎しみを、ゆったりと共に抱える上でのもろさや弱さがみられる。いままでの、妻をお母さんにするお父さんを少し脱却して、民主的ではあるけれど、でも、お父さんでなければ果たせない新しい父親の役割をお話ししたい。

親子、家族というのは愛し合っているもの、というたてまえがありますけれど、実際は親と子のあいだ、夫と妻のあいだほど、人間関係の中で激しい憎しみや怨みや怒りが飛び交う関係はありません。それにもかかわらず、学校教育などでは、家族を憎んだり怨んだりしたときにどう対処したらいいかという指導は、あまりなされないのではないかと思います。それは、学校教育においても、両親は愛情深く子どもを育て、子どもは両親を敬愛して親孝行するものであるというたてまえがあるからです。もちろん最終的にはそうでなければ困るんですけれど、現実はなかなかそうではありません。親子の仲や夫婦の仲というと、四九パーセントは憎しみ、五一パーセントは愛情で、その微妙な差でなんとか保たれているというふうなことがたくさんあるわけですね。

きょうは、そういう「親と子の憎しみ、怨み」を、親の側も子の側もだんだん納得して受け入れるようになっていくということがとても重要だ、というお話をしていきたいと思います。

1．時代の中の子ども

子どもがどんどん減っていく

まず、現在の親子関係というものの全体的、一般的な状況のお話から始めたいと思います。

現在の親子関係を考えるときの第一のテーマは、若い世代が、親になること・親であることを、人生のいちばん重要な価値あることとは思わなくなった、ということです。その一例は日本に限らず世界の先進諸国共通の少子化、つまり子どもが少なくなる現象です。

かつては、たとえば子どもを生み育てたりするのは、当然の営みとして自然現象のように思っていた時代があったわけですけれども、いまや「子どもを生むか生まないか」「育てるか育てないか」という問題を、われわれが自由に選べるようになりました。それだけに、子どもを生んだりつくったりすることの価値とか意義とかがわからなくなってきてしまっているというのが、日本でも先進諸国でも、最大の課題になってきていると思います。

ちなみに、今の日本の出生率は一・三九（日経新聞、一九九八年六月一一日付）〔編集部注：二〇一六年五月二三日に厚生労働省の発表した二〇一五年の人口動態統計によると出生率は一・四六〕ですけれども、わかりやすくいうと、一組の夫婦から二人以上の子どもが生まれないと人口が減っていく計算になりますね。日本はあと二〇年もすると二〇代以下の人口は四分の一以上減少してしまうということです。これが一〇〇年続いたら、日本人はかなり減ってしまうことになるでしょう。

東西ドイツが統一して、いま西ドイツがいちばん喜んでいるのは何でしょうか。一〇年くらい前までは、西ドイツは世界でいちばん人口の減る国でした。人口がどんどん減って労働力不足になっているところに、統一によって東ドイツからたくさんの労働者が入ってきました。東ドイツのほうは、出生率の高いところですので、ドイツは人口問題の危機が少し薄れました。それを喜んでいるんですね。西ドイツのマルクが、これによって上がったといわれています。

私は厚生省（現厚生労働省）の人口問題審議会の専門委員をしておりましたけれども、その厚生省の人口問題の統計研究所の統計をみても、まず第一に、フェミニズム（男女同権運動）の定着した国ほど人口が減っているんですね。

いままで女性は、お母さんになることが人生のいちばん立派なことだと教わってきて、本人もそう思って暮らすことができたんですね。一回目の結婚で子どもを生んで、お母さんになって、五〇代で子どもが親離れをして、六〇にはめでたくあの世に行ったわけです。ですから、女性にとって、母親であるということが人生の頂点でした。ところが、いまは、人生八〇年、子育てとは関係のない女性独自の人生をもたなければならないといわれます。子どもが巣立ってしまったあと、「さあ、これからの三〇年、四〇年、どうやって人生を送ろうか」と考えたとき、いままで愛の巣だと思って誇りにしていた場所が、いつのまにか空の巣でしかなくなっていたことに、はっと気がつく。そしてうつ病になったり、自分の人生の進路に悩んだりする女性が多くなりました。自分の母親や中高年の女性がそういうふうに悩む姿を見ていて、若い女性たちが「私はああはなりたくない。若いときから仕事をもって社会人として立派にやりたい。子どもだけに頼る人生はやめたほうがいい」と思うようになってきたのです。

女性であることも大切だけれど、社会人であることも大切だと思うようになった。つまり、女性のあり方、自己のあり方というものが、ただお母さんであることでは納得できない。社会人として、あるいは一個の個人として自分というものをきちんともって長い人生を生きようとする価値観の女性が増えてきたのです。そうすると、子どもを育てるとか生むとかいうことは、四つか五つある選択肢の中の一つになるわけです。昔のように五人も六人も育てて、そして子どもに囲まれてお母さんとして生きることだけでは満足できないという女性が増えています。

これから、社会が男女同権になって女性が社会に進出できればできるほど、女性の生き方はそういうふうに変わっていくでしょう。そうすると、子どもも、短い数年のあいだに生んで育ててしまって、また社会生活に戻りましょうという女性が増えてきます。企業もまたそれに対応して、女性が出産・育児でしばらくリタイアしても仕事に復帰できるようにしましょうというところが増えています。すると、子どもはせいぜい二人までという感じになるんですね。国のほうでは、人口減少は困るので、なんとかして子どもを増やそうという気運になっています。

みんな王子様・お姫様

先進諸国はどこも似た風潮ですが、日本と欧米で一つだけ違うのは、欧米では一人っ子がすごく増えているけれど、日本では兄弟がいないと子どもがかわいそうだと感じる親が多いため、できれば二人は生んで兄弟をもたせてあげたいという考えが根強いことです。しかし、いずれにしてもせいぜい二人までで、このことが親子関係に変化を与えています。つまり、子どもが四、五人いる家庭と、子どもが一人か二人の家庭とでは、親子関係はすごく違ってきます。

たとえば、男兄弟四人の長男という人がおりますが、こういう人は兄弟の中で揉まれてひじょうに社会性が豊かで、協調性や指導力も身についています。このような子どもが小学校に入れば、学校の先生も苦労しなくてすみます。また、学校教育というのは、そういうことの身についた人が来るということが前提になっていました。昔はみな兄弟の数が多かったので、独り占めしたいものでも分配しなければいけないとか、誰かが王子様をやったら自分は召使いをやらなければならないとか、そういうことが兄弟喧嘩をしながらわかったところで、子どもは学校に来ました。

ところが、いまの子どもは、おやつが目の前にあったら、これは世界中で自分だけのもの、と思って人生が始まるわけです。おやつだけでなく、お父さんもお母さんも全部です。そして、みんな王子様・お姫様になりました。ところが小学校に入ると、勉強ができなければできる子のほうを先生がほめるだろうし、喧嘩して弱ければ自分が負けるだろうし、集団形成の中では、誰かが王子様になった分、誰かが家来になるでしょう。これに耐えられない子どもがたくさんいて、学校に行くのはいやだとか言いはじめます。これが少子化現象の結果起こる問題の一つです。

増えるシングル化現象

それから、まだ子どもを一人でも二人でも生む方はいいんですが、アメリカや北欧あたりでは、子どもを生まなかったり結婚そのものをしなかったりという若者が、どんどん増えています。これをシングル化現象、あるいは非婚傾向といいます。スウェーデンではいま、生まれてくる子どもの六〇パーセント以上が未婚の母から生まれています。つまり、子どもが生まれても親が結婚しなくなってしまったんです。昨年の厚生白書によれば、生まれてくる子どもの、北欧諸国は六〇パーセント以上、米国やフランスでは三〇パーセント以上が未婚の母です。日本だけは唯一、二パーセント、まだまだ伝統的な結婚という制度を守っているんです。

これはあきらかに女性の社会的地位の向上とたいへん深い関係があります。「女性がその国の内閣の閣僚のどのくらいのパーセントを占めるかということと、未婚の母になる数は比例する」といわれるくらいです。女の方は、ご自分の社会的な地位や収入が上昇してしまうと、子どもは欲しいけれども、夫はあんまり欲しくないという人が増えてしまうらしいですね。ただ、未婚の母になったりすると、どうしても子どもの数は制限されます。わが国では、まだ女性閣僚を探すのに骨が折れるような状況ですから。

またアメリカでは、男女が半年以上共同生活ができたらいいほうで、そのくらいみんなが個人主義になってしまいました。日本でもそういう傾向は出てきているんでしょうね。住むのは一緒でもそれぞれ別に自分の見たいテレビを見るというご夫婦はたくさんいます。あるいは親子それぞれにテレビが一台ずつあるとか。男性と女性でも、結婚しないで、お互いに楽しい部分でつき合って、あまり苦労したり喧嘩したりする部分はなしにしましょうということですね。こういう生活のほうがスマートで楽だけれど、こういう生活が身についてしまうと、結婚していても、独身貴族というか、シングル生活だといえますね。こういうふうに、男性と女性の関係を基本にした家族という絆を選ばず、シングル生活を選んだり、女同士の友情のほうが頼りになるからと女同士で生活することを選んだりする風潮が最近みられます。子どもを生まないのも、結婚しないのも、従来の「家族」という形をとらないことでは同じです。

これでは、人間の精神形成の基盤である家庭や家族というものはどんどん減りますから、そういう中で生まれた子どもはどうなるかという問題が起こってきています。いまの私たちの仕事のひじょうに大きなテーマは、そういった場合の、家族にかかわる育児システム・養育システム・教育機能をどういうふうに社会的にちゃんと整えていくかということです。これは欧米では、いますごく大きな問題になっていますが、まだ日本では対岸の火事です。でも、だいたい欧米の傾向は、二〇年くらいすると日本にも波及していきますから、二一世紀になると、こういうことがもっと増えていくかもしれません。

子どもを拒否する母――子育て困難症候群

こういう傾向と関係していますが、私たちがいま研究している心の病に「子育て困難症候群」があります。これは、子どもを生んだけれど育てる気持ちになれない、どうしても子どもが憎らしくていじめてしまう、子どもが生まれて憂うつになったり、ノイローゼになってしまうなどの理由で、自分では育児ができずに、子どもを実家のお母さんやお姑さんに預けたり、乳児院に預けたりするというものです。こういう悩みをもったお母さんが精神科の相談にいらっしゃることが最近増えてきました。

たとえば母性拒否状態を一本の横線で表して、右の方向へ進むほどひどくなるというふうに定義します。うつ状態よりもう少し右へ進みますと、意識的にもう子どもを育てたくない、子どもの顔を見るのもいやで、無理に自分で育てようとすると、つい子どもに対して嫌悪感とか拒絶感が起こってきてしまう。憎んだり、嫌ったりするようになる。

もうちょっと右へくると、全然無関心で、無理に一緒にしておくと、心ここにあらずで赤ちゃんを抱っこしていますから、しょっちゅう子どもを落としたり、ぼんやりテレビを見ながら哺乳瓶をくわえさせているから、子どもがゲボゲボむせて吐いてしまったり、ひどいときには間違えて安全ピンを飲ませてしまったりする。そうすると、子どもはしまいにはお母さんの顔を見ると、おっかないから顔を背けてしまい、哺乳瓶でミルクを飲ませようとすると、ヒイヒイ泣くようになる。とくにアメリカでは、一〇代の未婚の母でこういう母親が増えていて、深刻な社会問題になっています。

もっと右のほうへ寄ると本格的な虐待になります。赤ちゃんをほんとうにハンマー投げのようにして放り投げるとか、ふとんで押しつぶしたり、たたいたりする。そういう幅の広い母親の悩みを「子育て困難症候群」と呼んでいるんですが、こういうお母さんがひじょうに悩んで、夫も心配して精神科を受診するケースが、ここ五、六年前から急速に増えているのです。東京には、こうした患者さんがかなりいます。こういう人々を「進んだ患者さん」と皮肉でいうんですけれど、「進んだ」というのは進歩しているという意味ではなく、時間的に進んでいるということで、おそらくこうした兆候は、一〇年、二〇年というタイムラグで全国的に波及し、全国各地にこういう母親が表立って現れてくると思います。

近ごろは仕事をもつ女性が増えてきたので、妊娠するときに、必ずしも心から祝福して子どもを身ごもるということばかりではなくなりました。そして、そういう社会情勢や女性の心理状態に子育て困難症候群の原因を帰する考え方がありますが、でも、これは昔からそうですよね。お母さんがみんな子どもを身ごもるときに、マリア様がイエスを懐妊したようなわけにはいかないんですね。いま生まれてくる子だって、半分くらいが失敗作だという説があります。女医さんだと、もう一年待ってくれたら学位論文ができるのにとか、離婚を決心して気づいたら妊娠していた、妊娠さえしていなければ別れられるのにとか、また、ハネムーン・ベビーの場合、身ごもったときはうれしくても、生むころには相手の本性がすっかりわかって、この子さえいなければこの男と一生添わなくてもいいのにとか……。そういうお母さんの気持ちが子育て困難症候群を引き起こすことがあるし、そこまでいかなくても、少なくともきょうのテーマの「親と子の憎しみ、怨み」の原点の一つになります。つまり、母親の側の、子どもに対する一種の憎しみや邪魔に思う気持ちが、さまざまな問題を生むのです。

この母親の悩みがオープンになってきたのは最近ですが、昔はそういうことを口にしないで、「しつけ」という名のもとに体罰を加えたり叱ったり、結構いじめていた実の親もいるんですね。それから同じ兄弟でも、夫とうまくいっているときに生まれた子どもは可愛くて、そうでないときの子どもは憎らしい、ということも起こっています。そういう愛と憎しみをちゃんと認識して、子どもがもっと幸せに育つにはどうしたらいいか、ということで私はこの問題を考えています。

かつて私たちは、子育て困難症候群ではなく母性拒否症候群という言葉を使っていたのですが、あるときから「母性拒否」という言葉は使わなくなりました。もっとやわらかく「子育て困難を訴えるお母さん」とか、「子どもに拒否感をもつお母さん」と言うようになりました。「マターナル・リジェクション・シンドローム（maternal rejection syndrome：母性拒否症候群）」という言葉は、アメリカでは使うことが禁止されてしまったからです。ずっと昔から、女の人の中にも「子どもが憎らしい」とか、「育てたくない」とかいう気持ちはあったのに、男性社会がお母さんを美化して、都合よく子育てを押しつけるために母性愛神話というのをつくり出した。女の人はもともと母性愛というものをもっているわけではなく、母性愛をもつかもたないかはその人の自由である、という考え方によるものです。

田島くるみさんという漫画家の方が、『私天使　あなた悪魔』という漫画をかきました。「なんだ、このがきは」とか、「この悪党は。おまえたちは悪魔じゃないか。憎らしい」「死んじまえ」とか、「もう、やっちゃえ」とか、「捨てちゃいたい」「もう、いやだよ」というお母さんの言葉が充満しているような漫画です。東京ではこの本がかくれたベストセラーで、何と一〇万部以上売れているそうです。「よく言ってくれた」とか、「やった」とかと言って、若い母親たちがこの本を争って読んでいる。

これは、ある種の女性の解放だという考え方があります。そんなにはじめから終わりまで天使のように子どもを愛しつづけるなんていうお母さんは、実際にはほとんどいなかったというのが事実であって、実際には、憎らしいときもあれば、邪魔なときもあれば、いやなときもあるわけです。だけど、一方では、愛しもするし、可愛がろうとも思うわけで、むしろそういうことをもう一度自由に話し合うところから、母親の心を見直そうという機運に、最近はなってきたと思います。

2. 怨みの世界と子どもの心――なぜ自分は生まれてきたのか

阿闍世《あじゃせ》王の物語

　母親のこの「子どもをもちたい」「子どもを棄てたい、始末してしまいたい」という悩みを主題にした仏教の阿闍世王の物語があります。お経によっていろいろ話が違いますが、ここでは「観無量寿経《かんむりようじゅきよう》」を土台にして、私の精神分析の恩師古澤平作先生が構成された阿闍世の物語をお話しします。

　昔、インドの王舎城というところに、頻婆沙羅《びんばしやら》王とその妃の韋提希《いだいけ》夫人が住んでいました。この王妃はもう四〇歳に近いのに子どもがなく、このまま容色が衰えていき夫に愛人ができることを恐れて、夫の寵愛を失わないために何とか子どもが欲しいと願いました。すると森に住む仙人が「三年たつと、死んであなたの子どもに生まれ変わって、あなたのお腹に宿るだろう」と予言したのです。

　ところが、その三年たつあいだを韋提希夫人は待てなかったんですね。それで、その仙人が死ねば生まれ変わって子どもになるというのですから、家来にその仙人を殺させてしまいます。そのときその仙人が「この怨みは忘れない。俺は生まれ変わったときにおまえの息子になるけれども、おまえの息子になっておまえの夫を殺してやる」と言って息絶えたんです。

そして韋提希夫人はすぐ身ごもります。

韋提希夫人にしてみると、生まれる子どもは自分に殺された怨みをはじめから抱く子どもですから、今度はその子どもを、堕ろそうとしたり生むときに高い塔から生み落として殺そうとしたりします。しかし、その子「阿闍世」は、子殺しの運命をなんとか生きのびて青年になるんです。

サンスクリット語の「アジャセ」、つまり「アジャサ・サートル」という言葉には「未生《みしょう》怨《おん》」、まだ生まれない前から抱いている怨みという意味があります。阿闍世という子どもは、生まれる前から母に殺されたという怨みを抱いている。お母さんは自分の都合で子どもが欲しいと思い、その子が災いになると思ったら殺そうとした。つまり、子どもを、愛によってではなく自分の都合でつくろうとして、始末しようとしている。阿闍世ならずとも人間の子どもが親に対して抱いているひじょうに根源的な怨みが、この未生怨だと仏教ではいうんですね。

この未生怨を子どもの心のこととして見つめると、それは自分がこの世に生まれて生きているということに対する怨みのようなものです。とくに現代は、女性が自分の社会生活を大切にするようになった分だけ、母親になる前後にこの韋提希夫人のような葛藤に悩む女性が増えてきました。

この問題には、「自分というものの根源はいったい何なのか」というようなひじょうに深い意味がありますね。さらに「なぜ自分は、いま、この親の子として、このときに、ここに生まれたんだろう。どうして他の自分にはなれなかったんだろう」というような、生まれ育ちに対する根源的な問いかけのような意味もそこに込められます。

母親の悲しみと救い

こういう話が鎌倉時代、日本の仏教の親鸞や日蓮によって取りあげられたことには背景があります。昔の仏教には男女差別があって、女性はお寺に入ってはいけないとか生理のときは不浄だから拝んではいけないとかいうことがありましたが、それを取り払って女の人の救いを考えていたのが、日本仏教の一つの特徴だと思います。そういう日本のお坊さんが、観無量寿経の阿闍世の話に関心を向けたんですね。そこには「母親の救い」の問題があります。

どうして母親が救われなければならなかったかというと、「間引き」「子殺し」の問題と関係があるんです。日本の人口が江戸時代ずっと三五〇〇万人で来たのには、「間引き」「子殺し」が背景にあるのです。これはヨーロッパでも同じで、「ヘンゼルとグレーテル」なども子殺しの話でしょう。洋の東西を問わずにこのようなことをしなければならなかったというのは、食糧事情のためなのですが、「子殺し」にはどうしても悲しみや罪の意識がつきまといます。ですから、日本の仏教では、子殺しの母の救いの問題が取りあげられるんです。ところがヨーロッパではだいたい、子殺しを父親の責任でやっていたようですが、日本では、子殺しの責任をお母さんに押しつけていた。そこに母性文化と父性文化との違いがあるといわれています。

そういう母の悲しみとその救いをいまに伝えるものに、津軽地方の恐山《おそれざん》の「いたこ」による水子供養の儀式があります。子どもを堕ろしたりしたときのお母さんの悲しみ、罪の意識を救うためのお祭りです。殺された子どもがいたこにのりうつって「お母さん、お母さん、けっしてお母さんを怨んではいませんよ。私は極楽で楽しく暮らしているから心配しないでください」というようなことを言うと、お母さんが「悪かった、悪かった」とおいおい泣く、それでみんなで酒盛りをして帰っていくというのが、昔の貧しい農家のお母さんの一つの慰めでもあったのです。このように昔の阿闍世の問題は貧しさゆえの子殺しですが、現在はむしろ、豊かになって、女性が解放されて、時代背景も内容も変わって、いまは、先ほど申しあげましたような現代版の阿闍世の問題が起こっています。

阿闍世王の話に戻りますが、子殺しの運命をくぐり抜けて青年になった阿闍世は、自分の出生の由来を聞いて、母親を怨み、殺そうとします。どうして自分をそういうふうにしたか、と。それをまわりに諌められて、今度は罪の意識で流注《りゅうちゅう》という皮膚病にかかってたいへん苦しみ、最後に、お釈迦様に救われます。

結局、親子というものを考えるとき、親にとって子どもはもちろん可愛いけれど、一方では自分たちが生きるためのいろんな事情で、子どもを捨てたり、邪魔にしたり、いじめたりする気持ちも起こってくる。人間だからそれはしかたがない。ところが、そういう親の人間的な愛と憎しみを、思春期になると子どもはだんだんわかってくるんです。そしてそれが、具体的には「親が子どもをもつのも自分の都合だし、捨てるのも自分の都合だという世界に、どうして自分は生まれたのか」というような、思春期の悩みになって現れてきます。

実際に子どもがこれをどういう言葉で言うかというと、「なぜ僕を生んだのか」という決まり文句があります。この未生怨は、幼いときにはあまり意識されていませんが、思春期、早くて中学二、三年生から高校生くらいのときに、深刻な問題になってきます。そして、いわゆる家庭内暴力や登校拒否などの問題を起こす子どもが、最後にこういう怨みを語ることがあります。「僕は頼んでこの世に生まれてきたわけじゃない。おまえたちが勝手に生んで育てたんじゃないか。その責任をどうしてくれるんだ。生んだ以上はお前たちが責任を取れ」。そうして部屋に立てこもってバリケードなんかを築いてふんぞり返っている。「あとは、おまえたちで好きに責任をとれ」と。こういうふうに未生怨の固まりみたいになって親を困らせることがあります。これをやられると、親はどうにもならないでうろたえてしまいます。

思春期の門——理想と幻滅

人間にとって、思春期までは愛と憎しみの「愛」のほうで、自分の親が世界でいちばん素晴らしいと思い込んでいることが、とても大切なことです。これは、客観的には幻想かもしれませんが、そういう幻想を抱くことは、人間の心の発達にとって大切なことです。ですが、逆に中学生くらいになっても「世界でいちばん素晴らしいのは自分の親だ」と思い込んだままでいると、今度は親離れができなくて困ります。思春期の子どもを扱うときにむずかしいのは、自分の親がいちばんだと思っていた理想像の背景にある親の実態が子どもにわかってきて、一種の幻滅が子どもに起こることなんです。この幻滅が起こったときに、阿闍世のような未生怨が自覚されるのです。

たとえば思春期になると、男性と女性の愛がわかってきます。子どもはセックスをしないと生まれないということもわかってくる。お父さんとお母さんがセックスをしてはじめて自分は生まれてくるわけです。そのことを認めないと、自分の成り立ちが認められない。ところが日本の子どもにとって、お母さんはあくまでお母さんであって、男と女としてのお父さん、お母さんがいて、結婚してセックスをして、その産物として自分が生まれたんだから、お父さん、お母さんのほうが先にあって、自分はその付属品に過ぎないんだというふうに生まれ育っている子は著しく少ない。ほとんどの日本の子どもは、お母さんと自分の世界がまずあって、お母さんは自分のためのお母さんで、「あっ、お父さんもいたんだ」というように、お父さんとお母さんの世界がわかってくる、みたいな育ち方をします。だから、思春期になったときに、「あっ、ほんとうはお父さんとお母さんの世界があって、しかもお母さんは自分を裏切って、お父さんとこんなことしてやがった。ちきしょう」とお母さんに対するすごい怨み、憎しみが起こってくる。納得できるまでは気が狂うほどおかしくなるというのは、まともな心理ですね。

こういうことが、女の子は女の子で、男の子は男の子で起こってきます。日本の子どもたちは、思春期をこんなふうに体験するからたいへんなんです。それをうまく通り抜けていくことが必要で、それができないと、いままで親を尊敬することで成り立っていた幼いときからの教育や道徳が守れなくなる恐れがあります。

そのときお父さんとお母さんが、いつもほんとうによい男性、女性としての愛情を子どもに示していて、「いや、お父さんとお母さんは、こんなに健康な愛情で愛し合ってあなたを生んだんだよ」ということが子どもに実感できる家庭はいいんです。子どもは「お父さん、お母さんはいいな」と思いながら親と接することができて、いろんなモヤモヤをもちながらも、現実の親を支えにして成長していける。ところが、ちょうどそのときに、夫婦仲が悪かったり、どちらかが浮気をしたりしていると、子どもはひじょうに混乱し、母親を怨み、父親を怨むという世界が出現します。そして、子どもにとってはその幻滅がすごく大きな心の傷になるんですね。

3．父と子の愛と憎しみ

夫がどれだけ妻を支えられるか

さて、いままでは、お母さんのほうばかりに、子どもとの憎しみ、怨みについての問題があるかのようにいってきましたが、アメリカの家族精神医学者のリッズ先生に阿闍世コンプレックスの話をしましたら、「それは夫が妻を精神的に支えないことによって起こっている。それは子どもの不幸であるだけでなく、女性の不幸でもある」と言うんです。つまり、子どもに対する母親の気持ちのあり方というのは、妻が身ごもって出産・育児をすることに夫がどれくらい協力したり支えたりするかということで、大きく変わるというんですね。

また家族の状況にも左右されます。もうかなり以前の話ですが、私たちは神奈川県の平塚という、一部はまだ農村地域でありながら一部は東京のベッドタウンとなっている地域で、妊婦の調査を行ないました。そのとき印象的だったのは、精神的にいちばん安定しているのは、昔流のおじいちゃん、おばあちゃんのいる農家のお嫁さんだったことです。ここでは妊娠すると、嫁としての家での地位も安定するし、みんなも大切にするからなんですね。姑さんとは同居、実家のお母さんも近所にいて、育児の際に支えがあります。反対にいちばん大変なのは、東京まで共働きに出ている家庭の妻です。ベッドタウンに引っ越ししてきたんですから地域には知り合いもいなくて夫と二人っきり、そんな状況の中で妊娠すると、まず仕事を続けようか辞めようかと悩みます。そして、続けるにしても子どもを世話してくれる人がいない。辞めると収入が減ります。育児の際には助言してくれる人もいません。いちばんストレスが大きいんですね。

後者のような共働き家庭では出産・育児の際に姑さんやお母さんを頼れないために、若い世代では夫と妻の共同出産・共同育児ということが大きなテーマになっています。生むのも一緒、育てるのも一緒にやりましょうというのが、アメリカではいまごく当たり前になっています。日本でもこういう気運が出てきて、女性が妊娠した場合、夫に毎月一緒に産科に通ってほしいとか分娩に立ち会ってほしいとかいう要望が、女性から出ています。いままでは病院によっては、夫は立ち入り禁止というところもありましたが、最近は変わって、産室に入るまで夫が妻の手をじっと握っていたり、産室にも入って分娩に立ち会ったりします。

こういうことがなぜ必要かというと、女の人も働くようになれば、男の人もお産を一緒にしたりミルクをつくったりして子どもを育てていくというふうに、夫婦のあり方、お父さん、お母さんのあり方を変えていかなければならないということなんです。そういうことが夫婦の新しいテーマになってきているんですね。ただ、日本の男性のような会社人間が、妻の出産に立ち会ったり育児をしたりするために休暇を取ろうとしても、それを職場が受け入れるかどうかということが問題です。これからの社会の変化の中で夫がどれだけ妻を支えられるかは、今度は夫と伝統的な男性社会との葛藤にもなるわけです。

夫が妻を支えられるにせよ支えられないにせよ、子どもに対するお母さんの愛と憎しみは、夫と妻の愛と憎しみにすごく左右されます。同じお父さんから生まれた子どもでも、そのときの妻と夫との関係によって、子どもに対する愛情が変わってくるのです。

父と子どもの関係

ここで、少しお父さんの話をしましょう。

精神分析の創始者であるフロイトが、二〇世紀のはじめにこういうことを言いました。「人類にはどうしても解けない謎が二つある」。一つは、「月に人が住んでいるかどうか」。この謎は二〇世紀の間に解けてしまいました。もう一つは、父親にとって「自分の息子や娘がほんとうに自分の子どもであるかどうか」ということです。これも、ついに二〇世紀ぎりぎりに解決できたようですね。

母性拒否ということについて、もっと深いお話をしますと、意外にそういう事情に出会うことがあります。つまり、母親自身が実はどっちの子どもかわからないで悩んでいるとか、子どもの父親が夫ではないことに、ひそかな罪の意識で悩んでしまうとか。

このように、男性というのは、親子関係においてひじょうにか弱い存在なんです。フロイトは言っています。「母と子の絆は自然の絆だ」。つまり、お腹の中にいるわけですから疑う余地がない。それにくらべて、父親と子どもの間柄というのは、すべて道徳とか、社会的な契約とか、倫理とかが介入してはじめて成り立つ世界です。つまり、夫は、少なくとも一定期間、一夫一婦制という道徳を妻が守っているということと、それを守っていると自分に言っている妻を信頼することを通してしか、息子や娘を自分の子どもだと信じることができない。

だから、社会、契約、論理を中心に親子の問題を考えるのが父性的世界で、母性的な世界というのは、おんなじ親子の世界でもはるかに自然の世界です。国や社会がどういうふうになろうが、極端にいうと、昔敵だった人が夫になろうが、とにかく子どもと母親の間柄というのは、そういった社会的な是非善悪とか価値観とは違った、もう一つ別の愛の世界や絆というものをもっている。それがある意味では人類というものを、歴史や時代や社会の相対的な変化を超えて、もっと大きな意味で支えてきた。

ところが、男性の場合には、この子がほんとうに自分の子かどうかわからない。そこで結婚という制度をつくり、家族という制度をつくり、妻を一夫一婦制という道徳でしばり、絶対にその女性が生んだ子どもは自分のほんとうの子どもなんだということを確認できるような社会制度を幾重にもつくり上げて現在に至っている。その最大のイデオロギーが、キリスト教ですね。キリスト教の一夫一婦文化というのは、この世界を構築するのにひじょうに大きな役割を果たしてきたわけです。

しかし、こうした一夫一婦的、あるいはキリスト教的なものを父親として認めるためには、それなりの社会的なイデオロギーが必要なわけです。ところがこのイデオロギーの支配力にかげりが生じています。二一世紀になったら、父親の地位がもっと変わってしまって、一夫一婦制がゆるみ、母性的な社会になるんじゃないかといわれています。

父と子の愛と憎しみ

アメリカという国は、ホームレス、マリファナ、ピストル、レイプと問題の多い国ですが、父と子に関係するものでひじょうに深刻な問題は、近親姦、なかでも父親が自分の娘を犯すというケースです。アメリカの私の知っている精神科医や心理学者は異口同音に、この問題はアメリカ社会の根本を揺るがす深刻な問題だと言います。とくに幼い娘さんにそういうことをするんですからね。それから、幼女誘拐と幼女姦も問題になっています。日本では近親姦というのは、母と息子とのあいだで起こるということがいわれていて、電話相談などに盛んに登場しますが、どこまでほんとうかはちょっとわかりません。

本来の父親というものの、子ども、とくに女の子に対する存在意義というのは、近親姦とは対極の、世界でいちばん安全な男性ということですよね。どんなに甘えたり抱っこしてもらったりしても、けっして女の子にとって危険ではない男性、その絶対安全なお父さんに、女の子は甘えたりしながら、社会人としての男性と女性のモデルを身につけるんです。そのいちばん安全なお父さんがそういうことをするようになったら、女の子はほんとうに不幸です。そういう目に遭った女の子たちの中には、次から次へと男性を変えるような生活しかできないか、あるいは男性嫌悪症みたいになって独身を通すか、最近のアメリカで目立ついわゆる多重人格症になる女性がいます。健全な男女の愛のモデルを与えるべき父親との関係が乱れているというのはアメリカの不幸ですが、日本の場合はどうかといいますと、むしろ父親と子どもとのあいだに距離がありすぎるんです。その距離を縮めてどうやって団らんを取り戻すか、というのが一つのテーマになってきています。

子どもにとってのお父さんのイメージで父親自身から与えられたショックの中には、子どもが甘えたり話しかけたりしたときに、お父さんは新聞やテレビに夢中で背中を向けたままで全然耳を傾けてくれなかったとか、突然「うるさい」と怒鳴ったとか、そういう「子どもを傷つけるお父さん」ですね。逆に子どもにとって楽しい思い出というのは、お父さんと二人で近所の本屋さんに行って雑誌を買って帰ったとか、そういう何かを共にした経験なんですね。

ところが、とくに日本のお父さんというのは、子どもに心を向けることをひじょうに煩わしがったりおっくうがったりする面が、会社人間であればあるほど強いようですね。「休日ノイローゼ」という言葉があるんですが、日本のサラリーマンでは「休日がいちばんストレスだ」と本音を訴える人が意外にいます。男同士で会社でしゃべったり、日曜はゴルフに行ったりするほうがずっと楽で、家庭サービスがほんとうにかなわない、という人がけっこういるのです。たしかに子どもに気持ちを向けるということとふだんの仕事は、感覚的にギャップがあることは無理もないのですが、もうちょっと気持ちを子どもに向けられるゆとりも必要でしょうね。

日本の父親像

いま日本でも欧米でも、父親の地位の低下が問題になっています。ここで議論になるのは、果たして日本の場合、「伝統的な日本の家庭の中における父親というのは、どんな存在だったのか」ということです。一般には、敗戦国の父親像というのは急速に低下するというのは、必ずあるんですね。それで父親の権威が低下してしまったということが、一つ、戦後の日本の父親を考えるときの大きなテーマであることは事実です。

もう一ついえることは、どうも日本の父親というのは祭り上げられてつくられていた部分がかなり大きいようだということなんです。では、この「祭り上げる」というのを誰がやっているかというと、妻なんです。妻や母親が祭り上げて道具にして使っている。いまでもお母さんが子どもを叱るときに、よく「お父さんに言いつけて、叱ってもらいますよ」と言いますね。お母さんが、子どもにとってこわい存在をつくって、威嚇するときに使う人物像というのがありますでしょ。実は日本では昔から、こういう母親のつくり出した道具としての父親像というものがあったんじゃないかというのが、われわれ研究者たちの共通の意見になっているように思います。

　父親はいばるだけで、ほんとうの意味での父権的な父親ではなくて、ただお母さんに祭り上げられている。ところが、いよいよ困ったことが起こると「お母さん、頼むよ」と逃げてしまう。だから、子どもを中絶するときもそうです。

　このことを取りあげたのが、曽野綾子さんの『神の汚れた手』という小説です。これは産婦人科を舞台にしていて、中絶やお産のことでいろいろ悩みがあって受診するのに、夫が連れ添ってくる人がまったくいないという話です。つまり、原因が男性のほうにあるのに、始末は全部女の人にさせている昔ながらの日本の男性の姿がそこに描かれている。困ったときには「お母さん」と、妻に何もかも押しつける。これは、汚いことや、汚れたこと、怖いことに責任を取るという、ほんとうの意味での男性・父親という世界とはちょっと違いますね。

日本の男性の理想の妻

　ＮＨＫの市民大学講座で、かつて私は歴代の男性たちが理想にしている妻というのを「二つの理想像」というかたちで取りあげました。

　一つの理想の妻は、山内一豊《やまのうちかずとよ》の妻です。たとえば「国際学会へ行きたいんだけど、お金がないから行けない。いま国際学会に行って、そこで立派な発表をすれば教授になれるんだけどなぁ」なんて奥さんにこぼすと、「しょうがないわね」と言って、ちゃんとどっかからへそくりを出してきて、「じゃあ、行ってらっしゃい」というような妻（笑）。つまり、頼めばどこかで何とかしてくれるという「お母さん妻」です。

もう一つの理想像というのは近松の心中物の話に出てくる妻です。

小春さんという遊女がいました。彼女に夫が入れあげたんです。しかし小春さんは、妻の頼みを聞いて女の友情で身を引くわけです。ところが、それからしばらくしたら何となく夫が元気がない。「どうしたんですか」と言ったら、「自分のいちばん嫌いなライバルの男が小春さんを身請けすることになりそうだ。くやしい」と言って男泣きに泣きます。それを見た妻が、「まぁ、かわいそうに。そんなことでこんなに悲しい思いをしていたの。そんなら私が家政婦になってあげるから、小春さんを身請けして仲良く暮らしなさい」って言うんです。こういうことを言ってくれるのが伝統的な日本の男性の理想の妻です（笑）。

これはまさに「甘えの世界」そのものです。妻をほとんど女だなんて思っていない。母親だと思っているわけです。だから、何でもとにかく助けてくれるのが妻だ。だから、極端にいうと、女性問題で悩んでいても、最後には妻に泣きついたら何とか世話をしてもらえる。日本で成功している男性たちのほとんどは、これで支えられてきたといえるでしょう。ごく最近も、新しい政治を断行しているはずの政治家が、不倫を疑われて、記者会見で「妻にバカタレと言われた」とか言っていましたけれど、何とも情けない。ホンネはこの古い日本の男性の甘えそのものですね。

昔は日本の家庭裁判所の方針もこれだったんですよ。つまり、若い奥さんが「夫が浮気をした」なんて言って行くと、「まあ、男の浮気くらいでなんですか、そんなにうろたえて。男の浮気なんていうのははしかみたいなもんです。あなたが許してあげればあげるほど、あなたの妻の座は安泰になって、あとはお母さんとして権力をもって、男は恐妻家になって、そして幸せな奥様になっていけるんだから。私たちはみんなそれでやってきたんだから、あなたも負けないように頑張りなさい」というのが、これまでのやり方でした。最近は、やっぱりこういうことじゃ困るというので、正しい離婚もあり、妻の正当な主張を認めるべきだということで大きく変わってきましたけれど。つまり、こういった日本の男性の、お母さんに甘えているような姿というのは、戦後社会になってもいっこうに変わっていないということです。

新しい父親の役割

日本は明治以後の軍国主義の中で、「家父長的な父親像」というのを一所懸命輸入して、明治天皇に体現されるようなイメージをつくりました。家の中心に、口髭を生やしてでんと座っているお父さんがいたわけです。いまは、そういうお父さんは影を潜めてしまいました。そこでいまわれわれは、家父長的ではない、現代的ないいお父さんのあり方、新しいお父さんの役割というのを考えなければなりません。どうも戦後五〇年、父親不在のままに日本は来てしまっているようですね。

これから、民主的な家族の中での父親の役割を列挙してみます。

まず第一は、子どもがお母さんと喧嘩したときなどに避難所になるお父さん。私も子どものころ、母親に叱られて半べそをかいているところに父親が帰ってきて、思わず父親にしがみついた記憶があります。そして父親が母親に「何をそんなに怒ってるの。もう少し冷静に子どもの言い分を聞いてあげなさい」とか言ってくれて、そのときの父親がほんとうにもう救世主のように思えました。こういう父親の役割は、母子家庭の子どもさんを見ているとよくわかります。お母さんの機嫌が悪くなると、母子家庭の子どもさんは部屋に閉じ込められてナチスの女兵士に拷問されている子どもみたいになるんですね。ですから、子どもがお母さんの攻撃から逃げるときの避難所としての父親の役割は、ひじょうに大きいものです。

二番目は、お母さんが病気になったりして働けないときに、お母さんの代理をしてくれるお父さんです。これも簡単なようで、とても大切です。つまり、お母さんが病気のときには、仕事が忙しくても早起きして、子どものお弁当をつくったり学校へ送ってあげたりする。こういうことは年に一度でもいいんです。だけど一度でもあると、子どもに愛情が伝わって、頼りになるお父さん体験になる。そのことが大きな意味をもつんですね。

三番目は、お母さんと子どもにとって邪魔な存在であるということ、これもひじょうに重要です。私にも経験がありますが、子どものころ、母と姉と私とで楽しくしているときに父が帰ってくると、場が白けたり話題が変わったりするので、「もうちょっとお父さんが遅く帰って来てくれたほうがお母さんに甘えられて楽しいのに」とか思いました。それはつまり、父親が帰ってくると、ちょっとけむたいというか、家庭の中の雰囲気が変わるということでしょう。その〝変わる〟ことが大切なんです。なぜ変わるかというと、母と子だけの世界にくらべると、もう一つ社会性のある世界が家の中に出現するわけです。人間が暮らす世の中というのは、母親にべったり甘えていればいいという世界ではなくて、世の中にはいやなこともたくさんありますから、お父さんに、ある部分は子どもにとっての憎まれ役になってもらって、子どもが社会性を身につける手助けをしてほしいと思います。人生、どこに行ってもライバルはいるし、邪魔な人はいるわけですから。

この、憎まれ役としての父親の存在意義をもう少し説明しますと、日本の父親は、この点で、子どもに遠慮しすぎているような気がしますね。家を建てるときにはまず子ども部屋をつくるとか、家に帰っても居場所がないのでパチンコ屋や赤提灯で時間をつぶしているとか。やっぱり、そこでまず、夫婦の寝室をつくったり、父親、母親の個室をつくったり、邪魔に思われてもとにかく帰宅したりということが、子どもにとっては教育的な価値をもつのです。

あきらかに、やはり赤ちゃんのときから、父親に対してと母親に対してとでは子どもの感情的な態度が違います。父親が抱っこすると子どもははしゃいだりする。母親だと、甘えたり静かになったりします。そういうふうに、父親と母親とでは子どもに対する役割が幼いときから微妙に違うのです。ですから、二親いるということは、子どもの心の発達にはとても重要です。そして、何度もいうようですが父親の場合、母親以上にやや子どもの憎まれ役になるということが、子どもの成長にとっては大きな意味があります。男の子の場合、とくにそうです。私が思うには、父親に叱られて父親のことを憎らしいと思って頑張った部分が、いま考えると自分の社会人としてのいちばん重要な能力になっているものです。

たとえば、私の父は医者でしたから、私も「なんとか医学部に入れ」というふうに言われていましたが、あまり勉強しなかったものですから「おまえはもう医学部に行くのをやめて、酒屋さんの小僧さんに行け」とか言われて腹を立て、それで勉強するようになりました。そういう父親との関係が、私にとっては役に立ちました。ですからそういう意味で、父親は子どもの憎まれ役になってでも子どもをちゃんと教育するという姿勢が必要なのですが、私も子育てを経験してみて、これが意外にむずかしいということがよくわかりました。

つまり、憎まれ役になると煩わしいんです。なぜかというと、子どもを叱るでしょう。そうすると争いになりますね。そのときは怒っても、今度はそれを償うために、また子どもと仲良くして話をしたり、ときには何かおみやげを買ったりして関係が深まる。この、関係が深まるのが面倒なものだから、子どもは可愛がるだけの存在にしておきたいんですね。「何か買ってほしい」と言われたら買ってあげる。「いい子、いい子」とやっているだけですませたほうが、お父さんは楽なんです。最近はこういう、憎まれ役になるのを面倒がってしまうお父さんというのが増えているんですね。とにかく、お父さんは憎まれ役になることもそうですが、いろいろ重要な役目を担っているということです。

4. おわりに

そろそろまとめをしたいと思いますけれども、きょうの話の中心は、どんなに近しい親子であっても夫婦であっても、愛と憎しみが表裏をなしているということです。そして、その憎しみや怒りというものはすべて悪いものなのではなくて、お互いにそういうものを通わせながら子育てをしていくところに子どもの教育というものもあるので、ただただ愛情だけで育てるというのは、子どもにとってひじょうに不幸です。なぜなら、結婚にしても友だちづき合いにしても、愛と憎しみがもつれているのが人間関係というものですから、親との関係だけが、愛情ばかりという温室みたいな世界というのは、けっして現実的ではないわけです。ただし、子どもにとってお母さんというのは、愛情がまさっていたほうが、最後までお母さんは素晴らしいというイメージでいたほうが、幸せだと思いますね。もちろん、お父さんもそうなんですけれど。

この「親と子の憎しみ、怨み」という世界は、何もけっして思春期の少年少女や子どもだけの話ではなくて、中高年のわれわれの歳になっても、一生、これは重要なテーマでありま す。中高年になりますと、年老いて弱った親の世話をしたり親の死に出会うという経験をしたりしますけれども、このときに、親と子の憎しみ、怨みの世界というものを、もう一度再体験することがよくあります。

マスコミなどで、「死の臨床」といって、がんにかかっている方などの死を迎えるときのいろんな臨床的な話が出ますけれども、必ずしも奇麗ごとばかりではありません。医者をやっておりますといろんなことがありまして、がんであと何か月後くらいに死期を迎えるという方で、こんなことを言われた人があります。「一生のお願いがある。ひと晩、三時間でいいから、病院を抜け出させてくれ」と。よく事情を聞いてみると、「自分には奥さんに内緒の愛人がいるんだけれども、奥さんがいつもそばにいるから会うことができない。死ぬ前にもう一度だけ彼女のところへ行きたい。男の友情でなんとかできないか」と言います。それで主治医のお医者さんが、ちょうど奥さんのいない晩に、自分の研究室へこっそりその患者さんを連れて行って、自分の背広に着替えさせ、タクシーに乗せて、「じゃあ、三時間だけ行ってらっしゃい」と送り出した。「もうこれで安心して死ねる」と彼は言っていたそうですが、こういうことは、実際に死の臨床でけっこうある話なんですよね。

それから、たとえば親の死が近づくにしたがって、きょうだいの中で誰がいちばん親に愛されているかというのが、すごい問題になってきます。それは、「お父さんはどんな遺言を書いているかしら」とか、「あの土地はどっちのものになるのか」とか、「最後までお父さんに何かねだろう」とかの、欲望が渦巻く競争として起こってくることもあります。

たとえばこういうことがありました。もう瀕死のお母さんが、口も利けず、表情があるだけです。それで、家族のあいだで、そのお母さんがどの子どもが行ったときにいちばんうれしそうに笑うかというのがみんなの関心の的になりました。お父さんが行ったときよりも息子が行ったときのほうがうれしそうな顔をしたから、母と子の絆のほうが夫婦の絆よりも強いんじゃないかとか、お父さんがそのことを聞いてがっくりショックを受けてしまったとか、実にいろいろなことが起こりました。死期が迫ると、改めてこういう親と子の複雑な世界が繰り広げられたりするのです。

そしてたいてい、お亡くなりになった直後には、生前の親と子の愛と憎しみのことが、もう一度すごく深刻にみんなに回想されるものです。「ああ、あのときこうしてあげればよかった」というようなことが話題になるんですね。お悔やみという言葉がありますけれども、とくに親の場合には、悔やむという気持ちを抱きます。「あのとき、あんなことを言って申し訳なかった」とか「もう少し親孝行しとけばよかった」とか。

こういうことですから、みなさんの中で、親子として健全に出会える幸せな方は、ぜひいまのうちに憎しみ、怨みを乗り越えて本当の愛情の関係になっていただきたいと思います。

それでは、そろそろ時間になりました。どうもありがとうございました。

Ⅳ　老いの心理と中年の心の危機

——明るい長寿社会を生きるために

本章のテーマは、現在の私にとってもっとも身近である。私自身がこの年代だからだ。それだけに本章では、私と私の親の話がかなり語られている。しかし、その前に、高齢者に対する差別撤廃、偏見からの解放を主張しているが、おそらく二一世紀には、高齢者がもっともっと暮らしやすい世の中が来るはずだ。しかし心の流れとして、高齢者の課題を話そうとすると、まず中年の心の危機にさかのぼり、そこからお話が始まる。そこで、親離れ、自立でやってきた人たちは、自分の父、母とどれくらい和解しているかが、自分自身の子どもたちとのかかわりに大きな影響がある。そんなふうに展開していくのがライフサイクル（年代の循環）というものなのだが、このことを視野に入れて、年をとることの心理をそれぞれの年代ごとにたどることをすすめたい。実は、これらのわだかまりから心が自由になっていればいるほど、年をとってからの心の暮らしは楽しく明るいものになる。しかし同時に、これまでの人生のつづきとして、あるいはその完成としての課題や目標に向かっての努力も続けたい。それは、とてもゆとりのある自由なものなのだが、しかしそれだけに、もっと楽しく、自分らしく努力する生きがいを見出すこともできる。本章でお話しした中年、初老の心理を超えたこんな心境をおすすめしたい。

1．高齢者に対する差別と偏見

根強い高齢者への偏見

最近、ある政党の雑誌の「論壇」というのに私の一文が載りました。高齢者に対する差別と偏見を解消せよ、という内容の一文です。どうしてそんなものを書いたかというと、一か月くらい前に、読売新聞の第一面に出たある記事がきっかけです。それは厚生省（現厚生労働省）が医療費の削減でお医者さんを一〇％くらい減らすという内容のものでした。私も医者ですけれど、それはお国の行政改革にも通じるようなことですから、しかたがないのかもしれません。それはいいんですが、そこにもう一つ衝撃的な記事が載っていました。七〇歳以上の医師は健康保険医であることを取り消すというのです。早ければ二～三年後から実施したいというものでした。

これは私にとってもたいへん衝撃でありまして、そうすると七〇歳になれば私は保険診療ができなくなるということですよね。日本で保険診療をしないお医者さんというのはきわめて限られていて、ふつうの一般市民のみなさんを診療しようとしたら、やっぱり健康保険でやりますよね。七〇歳を過ぎて健康保険医の指定を取り消されてしまったら、実際にはお医者さんを開業することも、患者さんを診ることもできなくなってしまう。厚生省がどうしてそんなことを考え出したのかとちょっと良識を疑うので、再考を促したいという記事を書いたわけです。

というのは、お医者さんの中には、七〇歳を過ぎても七五歳になっても、円熟の境地に達してますます名医になっていく人がたくさんいるからです。一部の外科の手術とか眼科のミクロな手術とか、なかには目が老眼になったらむずかしいというものもあるそうですが、精神科医や内科医の場合は、全然そんな問題はないですからね。

もう一つ、高齢者のドライバーに対する免許の再検査システムをどうつくったらいいかという記事も載っていました。NHKがそれと連携して、「高齢ドライバーによる事故」という特集をしました。高齢になると運動神経の反射がゆっくりになるので、若年ドライバーとのあいだでお互いの目測にくい違いが起こって衝突事故が多くなるということを、非常に細かく映像化したものです。

ただしドライバーの番組と健康保険医に関する報道の場合には、大きな違いがあります。というのは、ドライバーの場合には、一人ひとりの運動反射能力とか、認識能力とかを検査して、この人は運転させるとあぶないと判断されたら免許停止。十分大丈夫となると何歳でも運転可能というシステムをつくろうというんですからね。つまり個人差に注目しているのです。これは高齢社会になると非常に重要なことになってきます。高齢者の場合は、個人差というのがひじょうに大きくなるからです。個人差をはっきりさせるという意味においては、このドライバーの話のほうは当を得ている。

これに対して厚生省（現厚生労働省）のように、七〇歳以上になれば一律に健康保険指定医を取り消すなんていうのはどうでしょうか。厚生省というところは高齢社会をよりよい長寿社会にするためのお役所のはずですよね。その役所でこういうことを考えるというのはどういうことなのかな、という一文を書いたわけです。

そこに、こういうことも書きました。みなさん、全国で八〇歳以上の個人タクシーの運転手さんが何人くらいいると思いますか、どうでしょう？　五〇〇人？　実は二〇人です。八〇歳以上ですからね。でも、八〇歳以上の人が二〇人も個人タクシーの運転手をしているということはたいへんなことだと思いませんか。もちろん、五〇〇人もいればもっとうれしいですけれど。

いま、東京のタクシーの運転手さんでいちばん多い年代は五五歳から六五歳だそうです。五五歳から六五歳というと、会社人間だったらみんな出向とか、そろそろ定年近いとか、退職期の人たちですよね。それが東京のタクシーの運転手さんの大部分を占めている。「ずっとタクシーの運転をやっててよかった」と言う方にもお会いしました。

ですから、今後の高齢社会のあり方を考える上でいちばん大切なことは、高齢者に対する古い考え方、ある意味での暗黙のうちの差別をどんどん解消していくということだと思います。この解放があってはじめて、未来が楽しい高齢者のイメージというのが描かれると思うんです。高齢者というと恍惚の人とか、アルツハイマーとか、職がなくなるということばかりが連想されるようでは、何かをやろうとしても範囲がすごく狭くなってしまいますよね。

まだまだ元気な中高年

この四月に私は二泊三日でホノルルの学会に行ってきました。そのとき海岸を散歩していて驚いたのは、明らかに定年になられて、奥様と二人でハワイ旅行を楽しんでいるという日本人の方がすごく多いということです。日本に帰ってきて、今度はある用事で鎌倉に行きました。江ノ電（江ノ島電車）というのがあるんですが、それに乗ったら、お客さんの半分以上はやはりこの年代のカップルの方でした。実に楽しそうに、みんなお寺を巡って歩いているんです。あれを見たとき、日本の中高年のご夫婦もずいぶん変わってきて、夫婦で人生を楽しもうという暮らし方が普及して、これはとてもいいことじゃないかなと思う反面、見ているとみんなすごく元気そうな人ばかりです。鎌倉を一日歩いてまわるような体力をもっているわけですからね。なんでこんな元気な人たちが、職場を退いてハイキングなんかしているんだろうと思いました。一日や二日ならいいですけれど、毎日仏跡巡りをやっているというのは、なんかちょっと気の毒な気もしました。ハワイでもそう思いました。

やはり、生きがいというものを考えるときに、人間はもちろんセミナーで勉強するのもいいし、陶芸をやるのもいいし、ダンスをやるのもいい。いろいろあるでしょうけれど、もうちょっと社会に対して生産的な位置づけと責任のある役割がもてるような仕組みになってい くことが優先ではないか。それには、いままでの古い社会のもっている高齢者に対する因習とか偏見を、かなり変えていかなくちゃいけないんじゃないかなと思うわけです。これについては、きっとみなさんにもご賛同をいただけるのではないかと思います。

『エイジレス人間の時代』——高齢者差別の問題

アメリカにキャロライン・バードというフェミニズム運動の指導者がいます。バードさんが、もう一〇年以上前ですけれど『エイジレス人間の時代』という本を書きました。直訳すると「年齢なし人間の時代」とでもなるのでしょうが、これは長寿社会の人間像ということを言っているのです。そこで彼女は、自分は差別撤廃運動をずっと自分の人生の仕事にしてきたと語り、三つの差別を取りあげています。

第一段階の差別反対運動は、少数民族、とくに黒人に対する差別・偏見との闘いです。これはアメリカでも最近はかなり変わってきました。第二は、男女における女性の差別撤廃の運動です。これもアメリカではこの二〇年くらい前から大幅に変わりました。日本はまだアメリカにくらべるとだいぶ遅れているように見受けられますが。総理府でもいま、男女雇用機会均等法とか、育児休業法案とか、セクハラ問題などをプロモートして、女性が働きやすい社会をつくっていこうとしています。ところがこれが最近の不況によりまして、女子学生が男性と同じように社会で活躍したいという夢をもっていても、やはり暗黙の差別があって、一応、就職案内は男性にも女性にもくるけれど、実際には女性はみんな落とされるといった不幸な事態が起こっています。この辺は早く回復しないといけませんね。

どうしてかというと、日本の国は高齢化がどんどん進みますから、三〇代、四〇代の方は女の方であっても、母親であっても、どんどん働かないと日本の経済が維持できない。そうしないと、高齢者を養う活力が維持できないのです。総理府などは、おそらく母親の六〇～六五パーセントくらいが働かないと、日本は高齢社会をやっていけない時代がくるという危機感をもっていると思います。ところが、そちらの方向へ女性のパワーをもっていこうとしても、不況があるためにバブルの後始末ばかりやっていて、日本の国は前向きのほうに展開していけません。まだその前の段階で足踏みしているというのが、現状だと思うんです。そういうわけで、日本の男女平等はちょっと遅れていますけれども、アメリカではこれがだいぶ普及しました。

バードさんのいう第三の問題が、高齢者差別の問題です。つまり、高齢者も年齢によって差別されないということ。差別というのはどういうことかというと、おまえは日本人だからこうこうとか、黒人だからこうこうとか、個人差を認めないで、一括してある所属集団によって処理されることです。ユダヤ人だからアウシュビッツに行けとか、個人としてどんなにいい人がいてもだめなんですから、これは恐ろしいことです。いまはまだ、定年だとかそういうのがありますよね。高齢者であるがゆえに、社会の主流から棚上げされたり、追い出されたりというのが現状で起こっている。この構造を変えていかないと駄目です。ただし、一つ喜ばしい可能性があるのは、高齢社会がもっと深刻になってくると、じわじわと定年を六〇歳から六五歳、しまいには七〇歳へと上げていかないとやっていけない時代になっていく可能性です。いまはその辺の過渡期の問題というのがありますね。

それでは、差別問題としてどんなことがあるかといいますと、もっぱら職業的な能力の個人差が一つあります。この個人差というのは、ほんとうに著しく大きいものです。知的、体力的な能力につきましては、やはりその人、個々人の心のあり方によって、ずいぶん違うんじゃないかと思います。

自負心が支えになる

第二の問題は、一般によくいわれる話ですけれど、セックスの問題ですね。少し自分の身の上話も聞いていただいたほうがご参考になるかと思いますので、お話しするんですが、私の父親は東京で内科の開業医をしておりました。それもあって、先ほど申しましたように「論壇」に書いたのです。父は九〇歳まで開業医としてちゃんと仕事をして、その地域に貢献していました。九一歳で亡くなる最後の一年間だけ仕事ができなくなりましたけれど、そういう医者もいるということを考えてほしい、と。ただし、息子としての本音をいいますと、やっぱり九〇歳近くになると内心はすごく心配していました。万一、患者さんの名前を間違えたりしたらどうしようかと。以前そういう事件があったんです。いいお医者さんで、地域からも人望のあった先生でしたが、年をとって薬を渡す人を一度だけ間違えたんです。その、間違って薬を飲まされた人が死亡寸前の状態になって、告発されたという医療事故です。ですから、私の父親もそんなことになってはたいへんだと、最後の二、三年はそうとう心配して、そろそろ引退したほうがいいんじゃないかと言ったのは事実です。

でも「僕が医者をやめるのは人生終わりのときだ」と言われ、ハラハラしながら見守っていました。ほんとうに年をとって九〇歳くらいになると、背骨が骨折しやすくなるんですね。結局、自動的に骨折が起こって歩くことが不自由になり、引退したんですけれど。引退ということを決心して、全面的に息子の世話になってもいいと思ったら、あれよあれよという間に弱っていって、一年弱で亡くなりました。

ほんとうのところ、患者さんたちは父を信用して来ているのか、茶飲み話の相手に来てくれているのかわかりませんでした。「おじいちゃんのほうが患者さんのお世話になってるんじゃないの」なんて言ったりしていました。そういう患者さんも、長年の患者さんで少しはいらしたみたいでしたが、それにしても、本人の自負心というのが大事なんですよね。自分は独立してやっているという、人間というのはこの気概があるかないかで全然、高齢生活が違うみたいです。

一人になったときどう生きるか

だから、みなさんもあまり息子さんや娘さんの甘い言葉に誘惑されないほうがいいですよ。そういうケースを何例も知っています。夫を亡くしたある未亡人の話ですが、孝行息子が、「お母さんを一人で家においておくのはしのびない。うちに来てください」と何度も言うわけです。息子はとてもいい息子だと前から思っていたので、長年住み慣れた家を全部手放して、どうせ息子に相続させるものだからとそのお金をもって、息子の家に引っ越したわけです。ところが、行ってみると肝心の親孝行な息子は昼間はいないわけです。そこにいるのは誰かというと、昔から何となくしっくりいかなかったお嫁さんとその子どもたちです。そうすると、昼間は実にいんぎん無礼に冷たく扱われて、孫たちもお母さんの側について全然なじんでくれない。お城を明け渡して人質かなんかになった秀吉のお母さんじゃないけれど、そんな心境になって、その方は「もとの家にいればよかった。自分は情けない」と言って、私の前でオイオイ泣かれました。最近はこうしたケースが実に多いです。

このごろは冬彦さん的な息子さんが多いですから、お嫁さんとよほどうまくやっていないと、離れて暮らしていることでせっかく平和が保たれていたのに、同居を始めることでたちまち三角関係が再現して、ひじょうに見苦しい争いになってしまう。結局どうなるかというと、もっと年をとって、体力的に、言いにくいことだけれどボケが進んだりして、全面的にお嫁さんに降服、屈服して世話になるのをみんなが待っているという、ただそれだけのことになってしまう恐れがあるんです。

そんな思いをしたくなかったら、輝かしく一人で頑張るというのも、一つの生き方かなと思います。夫婦二人でいるときはいいですが、一人になったときどう生きるかがいちばん重要ですね。

2．中高年の夫婦の問題——配偶者の死をめぐって

配偶者の死による発病率

うちの父親の場合、七年前に母親のほうが先に亡くなりました。これはたいへんだったですよ。八三歳から九〇歳まで七年間世話をしたんですが、男一人残されるのはほんとうにかわいそうですね。最初のうちは、見るも気の毒なくらい衰弱してしまいました。

中高年の心の問題で、いちばん重要なテーマは、この配偶者の死の問題です。いままでの話を第一章としましょうね。よりよい長寿社会を生きるための高齢者差別をどのように解決していくかというのが第一のテーマ。第二のテーマは夫婦の問題、とくに配偶者の死をめぐってということになります。

この研究は欧米では非常に盛んに行なわれています。一種の定説になっているのは、三〇年、四〇年と長年連れ添った夫婦の一方が亡くなったあと、一、二年の間に残された配偶者

が病気になる発病率、それからその病気によって亡くなる確率は、夫婦ともに健在の場合に比べて、四〇パーセントとも七〇パーセントともいわれるほど高いんです。みなさんも、たぶんご結婚されている方が多いと思いますけれど、どちらかが亡くなったあとの一年間は、普通の人よりは自分が死亡する確率は倍くらい高くなっていると思われたほうがいいです。

これは私の長年の研究によりますと、生前夫婦仲がよかったかどうかはあまり関係がないようです。愛し合っている片方が亡くなったというのはよくわかりますよね。ところが、争い合っていた夫婦の場合も同じことがいえるらしいんです。というのは、逆にいえば、喧嘩のできる相手というのは夫婦以外なかなかいないですからね。そうやたらと人にどなったり、怒ったりしたら警察行きですから。といっても、もちろん夫婦間暴力までいってしまえば困りますが、ときどき文句をいったり、怒ったり、わがままをしたりするというようなことは愛する相手の喧嘩や争いが絶えない夫婦の場合、やはり喧嘩相手がいなくなるということは愛する相手がいなくなるのと同じ、また、ときにはそれ以上に精神的なマイナスになるようです。わかりますよね。だから、配偶者の死の問題というのは、なかなかむずかしいですね。しかも年齢が上になればなるほど、先ほどの発病率、死亡率は高くなります。

私の父の場合

私の父親の場合も、母親が亡くなって最初の一年くらいは、何というか、いつあとを追っていってしまうかというぐらい衰弱した状態になりました。食欲もなくなって、私の妻がいろいろと工夫をして食事をつくっても食べないわけです。聞きますと「おいしくない」と言います。公平にみまして、私の母親よりも妻のほうが料理が上手です。こういうことをいうと母親には申しわけないですが、ずっと妻のつくった料理を食べつづけて、たまに実家で母のつくった料理を食べて、こんなにおいしくないものを子どものころから食べていたのかなとびっくりしたことがあります。まぁ母親の料理というのは、おいしいとかまずいというのは別でありまして、私は戦時中の育ちですから、母親のつくったものというと、そうですね、ジャガイモばかりのコロッケとかドーナツとか、そういった自家製のおやつをつくってもらったことをよく覚えています。

それで先ほどのつづきですが、おじいちゃんは食べないわけです。きくと、おばあちゃん（死んだ妻ですね）のつくったものと味が違うから駄目だというわけです。そして母親が生きていたときと寸分違わない生活をしている。同じ時間に起きて、同じようにして、同じように寝て、同じような部屋にいて……。要するに死を認めない状態、こういう状態がずっと続いていました。だんだん現実に戻って、生きのびてくれたのですが、そこで一つ衝撃的なことが起きるんです。

生きる力を与える異性の愛情

三年ほどたって、すっかり元気になったんですね。もうそのときは八六歳くらいでした。どうも見ていると、親戚の未亡人になったおばさんとか、いとこのおばさんとか、昔、自分のところに来ていた看護婦さんとか、そういう人とデートをしているらしい。それで、様子を聞いたら「もっとちゃんとした茶飲み友だちみたいに通ってくる女性を紹介しないか」と言うんですね。八六歳ですよ。妙なことになっても困りますし、どんなものかと心配していますと、「大丈夫だ、心配ない。肝心のたつべきものはたたないから、そういう心配はない。だけど、精神的にさびしいから、やはり女性の友だちがほしい」と。そうして親戚のおばさんとか、いろんな人に頼んでかわりばんこにお話をしたり、それこそちょっと鎌倉に散歩に行ったりと、そういう世界をつくったんです。

それを見ていた私の妻は、そうとう激しく反応しました。これはいまでも私たち夫婦の心の深刻な問題になっています。どういうことかというと、「あなたとお父さんは似ているところがあるから、もしも私が先に死んだら、あなたもああいうふうになるんでしょうか。だから男の人はいやなんですよ」と言うわけです。じゃ、僕が先に死んだらどうかと言うと「私ははじめのころのおじいちゃんみたいになって、一年以内にあの世に行くから心配ありません」と言うんですが、ほんとうにそうなるかどうかはわかりません。

いまの問題というのは、とても深刻な問題なんですよ。生きる力をもつためには、誰かと愛し愛される体験というのがひじょうに大切です。それは、必ずしもイコールセックスという意味ではありません。うちの父親は、中学時代の長生きした友だちと温泉に行ったりして、男同士の友情も楽しんでいました。それでも、やっぱり男性には女性の愛情のほうが意味があるんじゃないかなと思います。年をとっても女性の愛情がほしいというのは、男性の立場からいってなかなか否定しにくいですよね。

介護と老人の性の問題

この問題をもう少し別の角度からお話ししてみましょう。

ある国際リハビリテーション学会で、看護婦さんもたくさん出席されたワークショップがありました。何のテーマかといいますと、男性患者の性生活をナースはどのくらい面倒をみてあげるべきか、あげるべきでないかということでした。

ひじょうに具体的にいいますと、たとえば進行性筋萎縮症という病気があります。ある一二、三歳の少年ですが、この病気にかかってだんだん体がきかなくなってきました。もちろん寝たきりです。あと何年かで呼吸もできなくなって死んでしまうわけです。先が見えている。その子の生きている最後の楽しみはマスターベーションでした。こんな話をしてすみません。それにしても、年寄りとか病人を見ていると、マスターベーションというのは人間に残された神さまの最後の何かかもしれないと思うことがあります。いよいよ手がきかなくなって、それもできなくなりました。そのとき、看護婦さんに触ってほしいとせがむというわけです。このときナースはそこまでやってあげるべきか、やってあげなくてもいいかという話なんです。

この話が今度は老人介護の問題につながったわけです。お年寄りの場合にも、ひじょうに似たことが起こりうるわけです。少年の話として聞くと、あまりいやらしさはないですけれど。

ナースが同情してそれを受け入れるかどうかは、やはり完全に二派に分かれましたね。ナースという神聖な職業、ナイチンゲール先生を頭に浮かべれば、絶対にしてはいけないと。もしそれを要求する人がいれば、それは一種のセクハラであると。だから断固拒否すべきだという人と、いいじゃないか、それは最後のそれこそいちばん心のケアの重要な部分なんだから、世話してあげなさいよ、別にどうってことないじゃないかというやわらかいものと。これは年代とか、それぞれのナースの個人差があって、結局そのときは、この問題は個人個人の気持ちに委ねましょうということになったんですが、病棟管理からいうと、個人個人の気持ちに委ねるというのは、ひじょうにまずいことなんですね。秩序が混乱しますから。

そこへさらに、たとえば触ってくれたらそのかわり僕の財産をあげるとか、贈り物を届けるとかいうことになると、ソープランドが病棟のなかで起こることにもなりかねませんから、ひじょうにむずかしい。こういう話というのは、表に出せば出すほどむずかしくなってしまいますけれど、いま伝えたいのは、そういうニュアンスをお互いによく心得て、思いやりをもって高齢者のこういう面の問題にもかかわってあげるほうがいいんじゃないかということです。ただ単純にいやらしいとか非行老年とかいうことで切らないで、高齢者のこういう気持ちをどういうふうに考えるかということが、差別撤廃の重要なテーマとなるでしょうね。

愛情生活を大切にする視点

ところがアメリカの場合は、セックスというものについての社会の考え方が違います。老人についてだけいうと唐突なんですけれど、もともと診療の中で患者さんの性生活をとても大切にする伝統があるわけです。たとえば誰かが脳卒中で半身・片手・片足麻痺になったとします。日本ではそうなるとお医者さんは安静第一とか、節制しなさいと言うだけでおわりです。アメリカはそうじゃないんですね。片手・片足でどうやってセックスができるかをちゃんと教える。ここが日本の医療とアメリカの医療とすごく違うところです。

それから死の臨床というのがあるでしょう。みなさんも、ご自分ががんで死ぬことをときどき考えられると思いますが、余命いくばくもなくなったとき、死ぬまでの時を過ごすのに、病院ではなくホスピスというところがあります。私は「喪」、英語ではモーニングというのですが、愛する人を失ったときの悲しみについての研究をしておりますので、ホスピスにも関心があって、いろいろと調べたりいたしました。東京の武蔵小金井というところには桜町病院というのがありまして、そこはキリスト教系のホスピスです。そのほかにビハーラ（病棟）という仏教系のホスピスもあります。

一長一短ですけれど、東京ではホスピスまでも忙しいという感じで、平均在日数が三〇日ちょっとくらいだとのことです。回転が早いんですね。いつも満杯だからということもあるんですが。それでも、あの世に行く前の人生を送る場としては、多少お金はかかっても病院よりはホスピスのほうがいろんな意味でいいように思います。

まず、ひじょうに自由なんです。出入りも自由です。とてもグルメな方でしたが、前の日までいろんなレストランに食べに行ったりしていて、翌日コロッと亡くなった方がいたといいます。死ぬ前に人を集めてパーティーをやることもできますし、絵の好きな人が展覧会をやったり、いろいろ普通の生活をしながら死を準備していくことができる。病院ではなかなかそうはいきません。ペットも連れてこれるし、夫婦で泊まることもできます。ですから、そういう愛情生活も送れるんです。先ほども言いましたが、アメリカでは死ぬ前の愛情生活というのをひじょうに大事にしますが、日本ではこれが二次的な問題に扱われすぎているような気がします。

高齢者の問題を考えるとき、三番目の問題は、やはり親子関係でしょうね。これは具体的には三世代の同居がいいか、自分だけで独居しているのがいいか、あるいは老人ホームで暮らすのがいいかという問題につながります。この問題はひと言でいうと、世代間のギャップの問題ですが、いちばん問題なのは、それぞれの親子の歴史というものがありますから、一般論ではなかなか解決がつかないということです。

3. 中年における心の惑い

親との関係の見直し

ここで、きょうのもう一つのテーマである中年期の心の問題というところに少し話を移したいと思います。いままでの話は第二章で、夫婦の愛情生活、あるいは配偶者を失うときというようなテーマでしたけれど、第三章は中年の心、中年における心の惑いとでもしましょうか、そういうテーマを考えてみましょう。

どうしてかというと、高齢者の息子さん、娘さんというのは、同居するときにはだいたい中年ですからね。その息子さんや娘さんの心がどんなふうであるかによって、同居の意味がプラスにもマイナスにもなるということです。つまり、息子さんや娘さんが思春期、青年期の心を卒業して、ほんとうにおとなの心になった上で、もう一度自分の親と一緒に暮らすという場合と、まだまだ思春期、青年期の反抗期を脱していないまま同居する場合とでは、すごく意味が違うということです。

私は中年の心の問題というのは、青年時代の親離れ、自立というテーマをもう一度心の中で整理し直すことだと考えています。思春期、青年期というのはどちらかというと、親離れの年代ですよね。いつまでも親に頼って親の相似形でいるよりは、自分らしいものをつくっていこうとする。だから、配偶者をみつける場合でも親の言うとおりにならないで、なるべく自分なりの夫婦、カップルをつくろうとする。これは健康な自己実現の努力だと思うんです。

ところが、自分がだんだん四〇代、五〇代と年をとってきて中年になると、今度は自分が親になるわけですよね。そして自分の子どもたちが思春期、青年期になる。昔から「子をもってはじめて知る親の恩」とかいいますけれど、思春期になって子どもたちに反抗されてみてはじめて、「ああ、自分も思春期のころには親にずいぶん迷惑をかけていたな」ということが実感されてくるわけです。それと同時に、もう一度自分の親との関係を見直そうという心が生まれます。逆にいうと、この年代でほんとうに思春期心理を脱却して親とおとなの関係をもつことができている人ほど、思春期の子どもとの関係が良好であり、相変わらず自分の親との争いが続いている人ほど、思春期の息子や娘とも争いがくり返されるということになります。

思春期の子どもとの関係と高齢の親との関係は、車輪の両輪のように表と裏の関係をなしているといえるのです。これが中年の心の問題であって、この辺の思春期心理を卒業した方は、この年代になってくると、思春期のときには親の意思どおりにならないで自分のやりたいようにさせてもらって、親もあのころずいぶん寂しかっただろうとか、親の言うことをきかないで悪かったなとか、いろんな気持ちが起こってきます。

見捨てた親への回帰

私の勤めております慶應大学の湘南藤沢キャンパスというところは、ひじょうに国際性の高い学部でして、教授の四〇パーセントから五〇パーセントがアメリカで学位をとった人たちです。なかには米国の一流大学で助教授や教授をしておられた方がいまして、「まだそんなに年をとっていないのに、どうして日本に戻ってきたの」と聞きますと、「親のことがありまして」と言われる方が多いですね。彼らは頭脳流出というか、大学を出て、要するに親を見捨ててアメリカに行って成功した人たちです。そのころは、どちらかというと日本という国を踏み台にしてアメリカに行って成功した。そのときに、親は子どもが遠くに行って寂しいとか、ほんとうは自分の身近で暮らしてほしいとか、家業を継いでほしいとかいろいろありますよね。そういう親の気持ちや期待を全部裏切って出ていったわけです。なかにはもちろん外国で偉くなったと喜んでくれる親もいるんですが、面白いもので海外でどんなに成功しても、ほんとうに成功したことにはならないんですね。

たとえば、学会というのはいろんな人に講演をしてもらうとか、外国から人を呼ぶとかいうのがありますでしょ。そのときに、なるべく外国で成功している日本人を呼んで錦を飾らせたいというのがあるんですよ。どんなに国際学会で実績をあげていても、あまり成功したという実感がない。ところが、まわりから見たらちょっと小さいような学会でも、日本の学会で特別講演をやって海外でこれこれこういう業績をあげている方ですと紹介されたりすると全然違うわけです。さらにそれがテレビに出たり、新聞に載ったりしたら大喜びです。どうしてかというと、それではじめて親に顔向けができるというか、錦を飾ったということになるからです。

これがまさに中年の心の問題を端的に表しているといえます。つまり、心のふるさとに帰るということです。親のいるところ、そこにもう一度受け入れてもらって和解しないと、心がほんとうの意味で充足感をもてない。だから、いい息子や娘が育ったといえば、おじいちゃん、おばあちゃんにも見てもらいたいし、自分が社会的に成功したら、もう一度それを親に評価してもらいたいと思うのです。

親との和解

私なんかも、親が反対した現在の妻と結婚したり、開業医としてのうちの家業を継がなかったりしたわけですから、昔流にいうと勘当だとかいって怒られたこともあって、そんなに思春期、青年期が円満にいったわけじゃありません。だからよけいなんでしょうけれど、中高年になったら、親と和解したいという気持ちになることはとても大切なことじゃないかと思います。そうしないと、自分の息子や娘ともうまくいかないですよね。ここが、きょうのもう一つとても大切なテーマだろうと思います。

高齢者との同居の問題も、ほんとうは一律にはいえなくて、このへんの親子関係、心の中がお互いにどれくらい解決されているかによるんじゃないでしょうか。とくに日本の男の人の場合は、自分の妻に対する関係と自分の母親に対する関係がちゃんと区別できるようになっている必要がありますね。なにかお母さんが二人いるみたいじゃ駄目ですよね。やっぱり、妻というのは女性であるし、自分は男性であるという関係性と、お母さんはお母さん、という関係性が区別できるほうがいい。それができると、同居していてもあまり舅、姑の問題が複雑にならないいんじゃないかと思います。

母親離れのできない日本人男性

先ほど言いましたホノルルの学会はアジア研究学会で、日本研究というテーマだったんですけれども、あのときはちょっと複雑な気持ちでしたね。外国の日本研究家が文字どおり「冬彦さん」を取りあげたんです。日本の男はどうしてみんなああマザコンなのか、母親離れが悪いのか、結婚してもまだ「お母さん、お母さん」と言っている。あるいは妻をお母さんがわりにしてしまっている男性があまりにも多すぎるんじゃないか、という意見がだいぶ出ました。気がついたらみんなが私のほうをじっと見ていて、日本の男性は私一人でしたから、ひじょうに複雑でした。やはり、男性のここの部分というのが、同居や何かのときに大きな問題になる。中年のときにどのくらいほんとうにお父さんになり、妻に対しては夫になっているかが問われると思いますね。

中年は惑いの時期

ここで、もう少し一般的な中年の話をしたいと思います。

孔子は「四十にして惑わず」と言いました。昔の論語みたいなものを、現代的に読み直すというのはほんとうに勉強になっていいことだと思いますね。この辺から中年の惑いというテーマをもう少し詳しくお話ししましょう。

「中年は惑わず」ということは、「いかに惑うか」ということだと思うんです。「惑う」ということと、「迷う」ということは同じではありません。どうも言葉の使い方が違うようですね。「迷う」というのは、客観的にどの道がいいかわからないでウロウロしているということです。ですから、迷うときはたいへんですよ。ほんとうのことがわからなくなってしまうんですから。ところが「惑う」というのは、客観的にみると正しい道がちゃんとあることがわかっているはずなのに、その道が間違った道でもっとよい道があるんじゃないかなと思うことのようです。この違いわかりますよね。

中年心理の一つの特徴は、この惑う心理が起こるということです。それはさっき言った青年期の心理を卒業することと深く関係しています。青年時代には親を卒業して親離れをし、自分らしいものをつくろうとするわけですけれど、そこで選んだものがはたしてほんとうに自分の人生にとって最善であったかどうか揺れが起こってくる。たとえば、自分はこのままこの会社でやっていって、最後はどこかに出向して退職したみたいな人生を送るのか、一生サラリーマンで終わるのか、もしも脱サラをするならいましかない、何とか脱サラしてみよう、とか。あるいは男としての人生、女としての人生を考えるとき、もう五年、一〇年まごまごしていたら離婚しても恋愛の相手が見つからないかもしれない、女盛りはいまだ、この男とだけ女の人生を送るなんてなんとはかないことか、女としての生きがいを発揮するならいまこそ最後のチャンスだ、そこにまったく違う何かがあるかもしれない……。これを惑うととるか、どうとるかはひじょうにむずかしいところですが。

男性にも同じことが起こります。妻とこうしていて、できた子どももこの程度。しかし、年をとって成熟したいまの自分が、もっと若くて素晴らしい女性ともう一度子どもをつくりお父さんらしく育てたら、もしかしたらもっといい子ができるかもしれない、とそう思う男性も出てくるわけです。歌舞伎の中村富十郎さんは六〇代で三〇代の女性と再婚して、ちゃんと子どももできたとのことです。ＰＬＯのアラファト議長もそうですよね。だから、こういう人生もあるかなと惑う人もいるし、惑わないでそのまま幸せにうまくいく人もあります。

このへんが中年の心の危機であります。いろんな動揺がそこで起こるわけです。職業、家庭、配偶者、なかには思想的な問題や、宗教的な問題もありますね。いままでもっていた考え方というものに大きな変化が起こって、新しい宗教に救いを求めるといったことも、こういうときの中年の心の中から生まれてきます。

それから女性の場合には、この時期、空の巣症候群がよく問題になります。空の巣症候群というのは中年になると、それまでは夫がいて、可愛い子どもたちがいて、ここは愛の巣だと思っていたところが、気がついたら夫は仕事と男のつきあいで帰りも遅い、子どもたちはみんな巣立ってしまってそれぞれ就職したり、遠くの学校に行ってしまったり、もうお母さんとは距離ができてしまった。いままで愛の巣だと思っていたおうちの中が空っぽになって、そこに自分が一人とり残されている。いったい自分の人生をこれからどうしよう……こういうのが空の巣症候群です。そうなりたくないためのいろいろな試みが、とくに専業主婦の方の場合には大きなテーマになっています（「V　自立を支える親の役割」参照）。

孔子の時代は、これを全部「惑い」だと言いました。若いときに決めた家庭は大切にし、配偶者とともに道徳を守り、仕事もひたすら一つの仕事をまっとうしていくのが正しい生き方でした。そのときあれこれするのは惑いだぞ、というのが孔子の戒めであったわけです。事実、ある時代まではそのほうが安全でしたよね。

ところが、なかなかこの辺がむずかしいところでありまして、現代の日本ではこの一〇年、一五年くらい前から、むずかしい問題が発生したわけです。というのは、むしろせっせと惑って早く新しい人生を見つけたほうがいいよ、という考え方が優勢になってきているのです。それはどうしてかというと、孔子の時代は人生五〇年でしたから、惑いはじめても、あとがないわけです。惑っているうちに年をとってご隠居さまになってしまいますから、惑っていまの人生をパアにするような愚かなことはするなということになるわけです。もちろん、六〇歳、七〇歳のことも孔子は教えていますけれど、実際は人生五〇年でした。

ところが、いまは人生八〇年ですから、むしろそこで惑って、退職する前に脱サラして仕事をもったほうがいいかしらとか、いままで二〇年、二五年結婚しているけれど、八〇歳まではまだあと同じくらいの長さがあるんだから、もう一度再婚したほうが明るい人生を送れるんじゃないかという考え方が、あながちおかしくない時代になってしまった。そのために、二〇年くらい前からアメリカでは、中年の離婚、再婚が怒濤のごとくに広がったわけです。

増える中高年の離婚・再婚

私の義姉はアメリカ人と結婚しておりますが、そのころよく言っていました。「中年になって離婚、再婚しないと、なんだかバカをみてるみたいだ」と。まわりがどんどん離婚、再婚して、恋人が変わったり夫が変わったりして、「青春がもう一度戻ってきたようで、素晴らしい」とか言ってるわけですからね。私のニューヨークの友人は、一〇人のうち九人までが離婚、再婚しています。そしてみんな、どんなに離婚、再婚が素晴らしいかを言います。

彼らはよく再婚旅行に日本に来るんですよ。すると、前に来たときと奥さんだけが違うわけです。こちらは同じ奥さんです。妻は「ああいう離婚して再婚するような人とは会いたくありません」と言います。まあ当然といえば当然ですね。でも、それはアメリカと国情が違うんだから、何とか我慢してつき合おう、と。ですがそのとき、私があまり離婚、再婚が素晴らしいという話に同調していると、脇からつねられたり、怒られたりするということになります。

最近はドイツでもアメリカでも、再婚のときは、また離婚するといけないというので二～三年、猶予期間をおくみたいですね。この猶予期間のときに日本に二人で来ると、ひじょうに困ることがあります。「奥さんですか」と言うと、「ノー」と言う。「じゃ、部屋はどうしますか」と聞くと、「同じ部屋でけっこうです」と言うわけでしょ。こちらの慣習からいうと混乱するわけです。夫が講演するときには、ちゃんと奥さんの顔をして座っているわけです。「こういう身分は、アメリカではちゃんと公式に認められていますから」と言うんですが、ちょっと日本にはない身分ですね。日本ではこれはたいへんスキャンダラスな身分ということになると思うんですけれど、この辺は昔とくらべて、ひじょうに変わってしまいました。

去年の夏、慶應の幼稚舎、つまり小学生が、国際交流でアメリカに行って、小学生同士で討論会を開くことになりました。そこで、アメリカの小学生が討論のテーマとして出してきたのが「親が離婚したとき、君はどっちの親といたいか」というものでした。慶應の小学五、六年生にとっては、生まれてこのかた考えたこともないテーマでしょう。アメリカの子どもは、しょっちゅうこの問題を考えているわけです。「うちのお父さんとお母さん、ちょっと最近険悪だから、もし離婚になったらすまないけど君のうちにしばらくおいてくれないか。お母さんに頼んでおいてくれ」とかね。居場所がいつなくなるかわからないんです。昔は一八歳未満で半分といわれていたのが、いまは小学校を出るまでに半分といわれています。つまりアメリカでは、子どもが小学校を出るまでに半分の親が離婚するというわけです。

脱サラのむずかしさ

中年の惑いというのは、こういうふうにいろいろな可能性を含んでいます。私が『家庭のない家族の時代』という本を最初に出したのは、ABC出版というひじょうに小さい会社でした。それについてはこういう裏話があります。その小さな出版社をつくった方は、かつてある大きな会社の編集者でした。私はその人の世話で『モラトリアム人間の時代』という本を書いたいきさつがありまして、彼にひじょうに世話になったという気持ちをもっていました。彼は率直にいって、主流派とあまりうまくいかなかったんでしょうね。これ以上、その会社にいてもうだつがあがらないから、脱サラして自分で会社をつくるというわけです。私は「脱サラの成功率は三〇パーセントだそうだよ。失敗したらどうするの。ここはじっと我慢して、閑職についてもいいからこのままいたほうがいいんじゃないか」と言ったんですが、とうとう彼は独立してしまいました。

独立するまでは、大きな会社にいる人というのはチヤホヤされるんですよね。彼も脱サラする前は、「君が脱サラしたら本を書いてあげよう」と有名な執筆者たちが言ったそうです。ところが、ほんとうに約束を守ったのは私と遠藤周作さんの二人だけでした。

そういうわけで私は約束どおり『家庭のない家族の時代』という本を書いたんですが、「情《なさけ》は人の為ならず」というのはほんとうですね。あんな名もない、社長と事務員が一人という、できたばっかりの無名出版社なのに、私の本はあれよあれよという間に売れて一〇万部以上のベストセラーになりました。日本という国は、ほんとうにいい本を書けば、どんな小さな出版社で出しても売れるんだという実感をもちましたね。

そのためにその編集者の方は、二年間は左うちわで暮らせたんですが、そのあとがやはり続かなかったですね。ついにジリ貧になって、彼は心筋梗塞を起こして、しまいには脳梗塞で亡くなりました。脱サラして一〇年以内のことです。会社も潰れて、いま私の本はちくま文庫から出ていますから、もしお読みくださるときは、そういう背景を思いながら読んでいただきたいと思います。

そのことがあって、脱サラというのはほんとうにたいへんなんだなと思いましたね。お医者さんでいうと開業ですよね。やはり、中高年のときはこういう脱サラもそうだし、離婚もそうだし、いろいろなことがあります。

高齢社会は、あれもこれもで生きるべし

ただ、高齢社会は「あれかこれか」ではなくて「あれもこれも」で生きなきゃ駄目だと思います。つまり、自分は医者だから医者だけしかできないとか、私は主婦だから家庭のことしかできませんというのでは駄目で、やはり、社会人としても女性としても母親としても、いろんな「あれもこれも」の自分を多様に発揮できることが、これからは望まれます。男性も仕事ばかりじゃなくて、家事もできるし、奥さんの世話もするし、趣味ももてるという、いろんな自分をたくさんつくっていくことが、高齢社会を有意義に生きていく上では大切だと思います。

それには、むしろ中年の惑いのときをプラスに利用して、そこで、青年期以来決まっていた枠を少し広げて、自分の可能性をいろいろと試してみることです。たとえば学生時代には演劇をやっていて劇が大好きだったのに、銀行マンになってからはできなかったという人が、俳優になるわけにはいかないでしょうけれども、演劇をもう一度趣味として取り戻すとか。有名な小椋佳さんみたいに、銀行をやめて本格的に歌をやるようになるとか。いろんな可能性にチャレンジするためには、若い方がもっともっと二〇代、三〇代のうちから、いろいろな自分のスペアを用意しておくことが、有意義な高齢社会を生きる上ではとても大切なことではないかと思います。

みなさんと一緒に、「長生きしてよかった」、つくづくそう思えるような長寿社会をつくり

たいものです。ご静聴ありがとうございました。

V

自立を支える親の役割

——思春期の親との別れ

親離れと自立は、誰もが口にする課題である。しかし、精神分析からみると、その意味合いをもう少し正確に一つひとつ明確にすることが必要だ。ただ親から離れて暮らせば、それで親離れできるのか。それとも、幼いときから抱いていた親イメージから解放されることが親離れなのか。分離不安に巻き込まれることなしに、親がそばにいなくても、気楽に暮らせるようになることが自立なのか。親離れをしていく子どもに対して親はどんなかかわりをするのが望ましいのか。その途上で親はどんな役割を果たすのか。そこで果たさなければならない父母の役割や、守るべきルールにはどんなものがあるのか。子どもの側だけでなく、親の側のこの課題をお話しするのが、本章のテーマである。

まず親自身が、ここで述べられている程度の思春期の子どもたちの親離れと自立をめぐる心の課題に共感を抱き、その歩みを支えることに、ある程度の見通しが得られれば、と思う。そして、子どもの支えになるような安全な心の基地として、少なくとも子どもたちが親離れと自立をある程度身につけるまで、親らしくしていてほしいと思う。そんなことを本章でお話ししたい。

私のテーマは「自立を求める心」となっております。実は私自身、たいへん親離れの悪い人間なんです。私の両親は、私の住んでおりますところから歩いて五分くらいのところに住んでおりましたが、私は実家、つまり両親のうちに行きますと、挨拶もしないでまっすぐすうっと台所へ行って、冷蔵庫をあけ、あれがないかこれがないかと言って、それから茶の間へ座る、というようなところがありました。あるときアメリカにしばらく行っておりまして、私のほうが妻より一週間ばかり先に帰ってまいりました。一人で先に帰国したその一週間というのは、うちのおばあちゃんがもう大喜びで、毎朝八時過ぎになりますと家に現れて、朝御飯を食べさせてくれて、私が病院に通勤する途中までちゃんと送ってくれる。耳が遠くなって、ちょっと調子が悪いとかで元気がなかったのですけれども、その一週間は見ちがえるように元気でした（笑）。

こうして拝見すると、中高年の方もいらっしゃるようですから、最初に中高年の母親の問題というところからお話をしたいと思います。

1．高齢化社会と親子関係

「自立」のあとの〝失速〟

四〇代か、五〇代くらいで、みなさんご承知のいわゆる心身症といいますか、自律神経性の、心臓がドキドキするとか、あるいは不安になるとか、夜眠れないとか、そういう症状で診察にお見えになる方がいらっしゃいます。

二、三実例をお話ししますと、最近お会いした方で、五三歳のAさんという女性ですが、いま申しました心臓発作のようなものがあったり、夜眠れないとか、イライラするとかいう症状がありました。だんだんお話を聞いていますと、いわゆる未亡人なんですね。十数年前に三〇代で夫を失ったということです。たまたま学校の教員をしていらっしゃった。ですから、未亡人になってからは、息子さんと娘さんの二人の子どもを女手一つで育てた。Aさんが五〇歳前後のときに、二人ともあいついで結婚してもう孫もいる。特に定年はないらしいんですが、でもまあ五五歳が近づいたので、後進に道を譲るということで、いまは非常勤講師をやっていらっしゃいます。その方の気持ちからすると、未亡人で子どもを二人育てて、孫もできて、自分も五〇歳近くまで立派に教師としてやって、教え子もたくさんいて、世の中でいうと「自立」した女性の典型ですよね。これであとは非常勤講師をしながら孫の面倒でもみて余生を送ろう、くらいに思っていた。そこまではとても順調だったわけです。

“娘”に戻った退職教師

ところが、そこでどういうことが起こったかというと、実はAさんにはお母さんがいるのです。五三歳の方のお母さんですから、七六、七歳ですが、それがちょうど私と私の母親のような関係なんですね。そのお母さんも、やっぱり四、五か月前に夫を亡くし、しばらくは一人で暮らしていたんですが、お互い一人になったので一緒に暮らすことになったのです。ところがそのときからこの女性のノイローゼ的な悩みが始まりました。

そのお母さんという方が、たいへんに勝気で、支配的な人らしいのです。一人前の学校の先生で、しかも引退して、教え子から尊敬されている自立した女性であったはずのその先生が、お母さんと一緒に暮らしだしたらどうなったか。一週間の半分以上はお母さんと二人で家にいるわけですね。そうすると、お母さんが自分を娘時代とまったく同じように扱うというのです。朝、寝坊をすると、早く起きなさい、何々をつくりなさい、こんなおみそ汁はなってない、あなたのお皿のふき方は汚れが残っている、あなたはしつけが悪いとかいって、完全に昔式の指導をするらしいのです。うるさいのですね。それをやらないとご機嫌が悪くなって、すぐ喧嘩になってしまうわけです。そうすると、自立したはずの学校の先生が、いつの間にか、思春期時代の娘のような状態に逆戻りしてしまったわけです。

Aさんに最初の発作が起こったのは、もう家に帰るのがいやでいやでしょうがなくなったときです。お母さんと一緒にいるマンションに帰ってきて、階段を上がって部屋に入ったとたんに、最初の発作が起こりました。なんとか私はもう一度一人になりたいと願っているけれど、お母さんを置いて一人になるわけにもいかない。結局は一生、お母さんと娘の関係で、あと一〇年だか二〇年だかを暮すのか、と嘆くわけです。

そもそも、学校の教員になって半生を過ごしてきたくらいですから、娘時代はかなり自立心の強い娘さんで、思春期時代からお母さんに反抗して、大学を卒業して教員になる道を歩んだ。その反抗心みたいなものが、また出てきたわけです。一方ではもうすでに孫がいて、孫からは「おばあちゃん、おばあちゃん」と呼ばれている。

二度目の親子関係

高齢化社会になりますと、いまのように親離れと自立がとてもややこしいのです。もうおじいちゃん、おばあちゃんになりながら、まだひいおじいちゃん、ひいおばあちゃんがいて、財産は全然相続してなくて部屋住みだ（笑）というような人がけっこういますね。ひいおじいさん、ひいおばあさんは八〇～九〇歳近くて、自分たちは五〇～六〇歳近い。それでもまだ財産は全然相続していないというような、つまり、片方では永遠の息子、娘みたいで、片方では孫がいる、というようなややこしい関係です。

こんなふうに現代の中高年の人々には、一度青年期に親離れをして自立したはずの人が、中高年に至って再び親とのトラブルに悩み、親離れできないという状況が起こっています。それだけに、お姑さんや、おじいちゃん、おばあちゃんがいて、その世話をしなければならない身の上の人と、まったくそれがなくて自由な方とでは、四〇過ぎの人生はまるで違うのです。とくに女の方はそうですね。おじいちゃん、おばあちゃんが、耳が聞こえない、寝たきりになる、恍惚化してくる、というふうなところまでいけば、今度はおじいちゃん、おばあちゃんのほうが大きな子どもになってしまう。しかし最近ですと、七〇代くらいまでは、なかなかそうもいかないでしょう。そうすると、いまお話ししたAさんのように、もう一度娘時代の親子関係に出会い直す、というようなことが起こります。

上昇停止症候群と空の巣症候群

もう一つ例をあげますと、Bさんは四〇代半ばくらいのサラリーマンの方ですが、最初は心臓発作を起こして、心筋梗塞じゃないかと疑われていました。結局はそういう問題ではなくて、やはり神経性の反応だということで、内科から依頼がきたわけです。この方の場合にも、やはりお父さんさんが亡くなりました。長男なんですけれど、もともと身体の弱い心臓病の弟さんがいまして、その弟さんが小さいときから、たいへん母親コンプレックスが強い。結婚もしているんですが、お父さん、お母さんとは、弟が同居して一緒に暮らすようになったわけです。自分は長男でも、住宅ローンかなにかで家をつくり、会社でも役づきで、すっかり自立して暮らしていたわけです。

四〇代の半ばくらいまでは、彼はかなり鷹揚に考えていて、弟も病弱でかわいそうだし、最後には弟がおじいちゃん、おばあちゃんと一緒に暮らすんだから、そこの土地と住宅は弟夫婦にやってもいいぐらいに考えていたわけです。若いうちは、ひじょうに自立を求めていますから、親の財産なんかあてにしなくたって、俺が会社の部長になり重役にでもなれば、そんなことに頼る必要はない——と、こんなつもりでやっていたのです。

ところが、年をとるにつれて、自分も若いころと違って身体があまり丈夫じゃなくなったということが一つ。それと残念ながら、部長や重役になるコースには乗れずに、〝窓ぎわ〟まではいかなくても、中年になると、今後のコースがだいたいわかってくる。こういうときの体験を「上昇停止症候群（meta-pause syndrome）」といいます。メタパウゼ（meta-pause）というのは、上り坂の上昇しているものが止まる、ということです。

だいたい人間は、青年期から自立の方向でやってくると、四〇代くらいまでは、年をとるにしたがって自立もますます確立して、お金ももらえるようになるし、名声も増えるし、いい息子、娘も育つ、というふうな期待で暮らしているわけです。ところが、四〇代の半ばくらいになると、ああ、自分の人生もだいたいこの辺までだ。会社でも課長どまりで、自分の奥さんもこの程度の人だ（笑）、自分の子どももせいぜいこの辺だとか、およそ自分の人生というものの見通しがついてくるんですね。それがわかったとき、そしてそれを乗り越えると、いわゆる〝熟年〟で人生というものに対してもう一つおとなになるんですが、そのことがわかるまでの途中がとても危険なんです。飛行機がちょうど水平飛行に入ろうとするときに、一つ間違うと異常操作が起こるのと同じです（笑）。失速するわけです。その失速が起こっていろんな症状が出るのを、〝上昇停止症候群〟というのです。

男性の場合も、女性の場合も、こんな気づきが起こることがあります。「女の子たちがとても気楽に近づいてくるようになった。若いのより中年の魅力だなんて思っていたのに、最近ショックなことがあった。女の子たちは、もう僕を男性だとは思っていない。お父さんだと思うようになったので、こんなに気楽なんだ。このことに気づいたときは、かなり落ち込みましたね」と、X課長は語りました。同じことが、女性にも起こります。女性のほうが、もっと露骨に起こると言う人もいます。「いままでだったら、男ってなんとなく気があるような、誘うような雰囲気をもって近づいてきていたんですけれど、ふと気がついたら、そういう〝なにか〟が最近なくなった。男ってどの女にも、なにか性的なことを思い描いているというんだけれど、そういう思いを向けられなくなった自分に気がつくときってあるんですよね」。

家庭の主婦の場合には「空の巣症候群（empty nest sydrome）」があります。子どもたちが全部いなくなって、夫もいなくなって、いままで愛の巣だと思っていた自分の家庭が空っぽだということに気づいたときに起こる、家庭の主婦のある種の精神的な落ち込みを〝空の巣症候群〟というわけです。

遅れてきた〝きょうだい喧嘩〟

先ほどのサラリーマンB氏の話に戻りますと、いままでみたいに、弟さんに家屋敷全部をあげて、なんていう考えからしだいに気持ちが変化してしまったわけです。そこにお父さんが亡くなって財産の相続問題が起こりました。弟とは実のきょうだいの関係だったからよかったんですけれども、両者共に奥さんがいます。その奥さん同士が昔から仲が悪い（笑）。片方はお姑さんにへつらって、うまいことばっかりやっている。弟のお嫁さんのことを、兄さんのお嫁さんはそう思っている。あれは結局跡をとりたいからだ。弟のお嫁さんにすれば、身近な世話は全部自分がやった。お父さんの病気中の看病も全部やった。お兄さんたちはお金さえ出せばいいと思っているんじゃないか、というようなイメージをもっている。

そこで相続問題ということになりますと、両者共になかなか自由がきかない。ひどいことになって、大した額でもない家屋敷を売り払って、二つに分割するということになったら、財産がなくなってしまう。

結局どこで具合いが悪くなったかというと、生まれてはじめて弟に自分がまっこうから罵られたことででした。きょうだい喧嘩があったわけです。さかのぼっていくと、小さいときに、実は弟はお母さんにくっついてうまいことばかりやってきた。俺はいつも兄さんだからしっかりしろということで、我慢しておまえの面倒をみてきたじゃないか。弟に言わせると、兄さんはいつも俺のことを弱い弱いとばかにして、一人前に扱わなかったじゃないか、というふうなところまでさかのぼって争いが起こったのです。

突きつめていくと、両者共にまだ本当の意味では、親離れした世界の中で暮らしていない。相変わらず最後になると、どっちがいいとか悪いとかいうふうな、きょうだい喧嘩の世界に戻ってしまうというようなことが、中高年でもしばしば起こるのです。

2.「分離」と「個体化」の親子論

きょうは中高年のお話ばかりをするつもりはありません。ここで少し、子ども時代から思春期までの親離れと、自立のお話をしたいと思います。最初に、私たち精神医学者や心理学者が、親離れとか、自立を考えるときに使っているいくつかの基本的なコンセプトといいますか、そういうことを考えるキーワードみたいなものを、説明させていただきます。

親子関係における分離と個体化

ニューヨークにマーラー（Mahler, M.）という精神分析学者がいました。そのマーラー女史の学説で「分離―個体化説」というのがあります。これは、日本でもアメリカでもかつて大はやりした考え方の一つですが、マーラーさんは、親離れとか自立を考えるときに、この二つ「分離（separation）」と「個体化（individualization）」をまず区別しなければいけないと言っています。

Individualization というのは、きょうのテーマである〝自立を求める〟という意味での〝自立〟ということと、ほとんど同じ意味です。つまり、人間が自分で自分のことをきちんとできる。自分で自分の欲望をコントロールしたり、身だしなみをきちんとしたり、親に言われなくても自分の勉強は自分でちゃんと決まったようにやるとか、もっとさかのぼれば、一定の時と場所でちゃんとおしっこをしたり、トイレに行くというような、トイレット・トレーニングもそうです。一定の時と場所で御飯をちゃんと食べるのもそうですし、一人でちゃんと歩く、というようなこともそうだし、いろいろな運動機能も言語機能もそうです。すべてそういった、人間が一人で生きていかなければならない基本的ないろんな心身の能力がありますね。そういう能力をきちんと学習し、発達させ、身につけていくのがindividualization個体化の能力です。それがきちんと確立してくれることが、親子関係においては望ましいことだと思います。

物理的・空間的な親離れ

これに対して、separationのほうはちょっとむずかしいのです。これはいろんな定義のしかたがあります。たとえばこの分離というのは、当然親から離れるということなんですが、では親から離れるというのは、いったい何を意味しているのか。

たとえばこういう話があります。地方の出身の学生さんが東京に出てきますね。地方から上京している学生さんのほうが、親からの分離、あるいは親離れがよいのか悪いのかは、議論が分かれるところです。

私のうちなんかでも、かつて娘が大学四年生のころでしたが、盛んに別居したいと言うのです。別居というと変なんですけれども「アパートを借りて一人で暮らしたい」と言うわけです。東京に家があって東京の大学へ行っているのに何も、と思うわけですが、みなさんでしたらいかがですか、許可しますか。私の妻から言わせると「そういうことがあったというだけでも縁談にさしつかえるそうですよ」（笑）なんて心配するわけです。ところが娘にすると「そんなことはない。だって地方から来たお友だちは、みんなアパートなんかで暮らしているんだから。じゃあ、私は地方の大学へ行けばよかったわね」ということになる。事実、私の教室に地方の大学を出た方がおられます。東京からわざわざその大学へ行ったという女医さんに娘の話をしたら、「それはお嬢さんの言うとおりだ。私は東京にいたんじゃ角が立って、一人暮らしもできないから、わざわざ地方に行ったんです」と言う。たまたまそのころ、ベルリンの友人が来ました。彼がたずねたんです。「お嬢さんはどこか、身体でもお弱いんですか？」「どうして？」「だって大学生なんでしょう。どうしてまだご両親と一緒に暮らしているんですか？　ドイツなら大学生になったら、みんな別々に暮らしますよ」。この話を聞いて娘は「そうでしょう！」と喜びました。これはまさに分離の問題です。

そこで問題になるのは、大学を出るくらいまで、少なくとも高校時代くらいまでは、親と一緒に暮らしているのと、中学から高校時代がいちばん親離れの問題の重要な過程なんですけれども、この時代を完全に親と空間的に別に暮らすのとでは、どちらのほうがほんとうに親離れすることになるのかというのは、とても微妙なんです。私の研究室には、北海道の斜里とか、四国の松山の山の中とかの出身者もいます。

固着した親子関係

私は東京生まれの東京育ちなんですけれども、地理音痴なところがあって、東京に住んでいても、銀座通りから向こうの下町は、あんまりよく知らないのです。きょうもこの道の先へ行くと隅田川だと聞いてびっくりしました。四国に雪が降るということも、つい今年の春まで知らなかった。松山へ講演に行ったときに四国にもスキー場があると聞かされて、びっくりしたんです。南国と思っていましたから（笑）。とにかくこうした地方の子どもたちは、だいたい中学くらいから家を出ます。松山の中学とか、札幌の中学とか、高校は東京に出て、それで大学を受験するという人が医学部に多いのですが、そういう人たちを見ていると、面白いことがあります。

というのは、ある面ではひじょうに自立している。はっきりと親離れがいいように見えるんですけれど、どこか幼さが残っているところがないでもない。つまり中学のときにすでに空間的な親子分離が行なわれていると、それだけに心理的にはそのときまでの親子関係があまり変わらないまま潜在的には残っているのです。

話がちょっと飛躍しすぎるかもしれませんが、ロサンゼルスのかつてのリトル東京みたいなところへ行きますと、日本を離れてアメリカへ行ったその時点での日本のイメージが、そのまま残ってしまっていました。いまの時代でも、一〇年アメリカに住んでいる人を見ていると、なんとなく古めかしい日本人という感じになるのです。言葉の感じとかね。〝離れる〟ということは、〝その段階の関係が残る〟ということです。ただ空間的に離れると、そういうことが起こります。ところが、東京で一緒に暮らしている親子というのは、しょっちゅう喧嘩をしたり、自分と親の趣味の違いとか、トラブルをくり返します。うちの娘なんかもそういう問題があると思います。外出したら夜おそくに帰るとか、友だちのところへ泊まるとかいうようなことを、いろいろ自由にやりたいわけです。そうすると、妻はカッカして、いろいろと文句を言う。そこで親と絶えず対決しながら育つ、ということがありますね。

ところが人間というものは、子どものときはみんな親の考え方で育っていますね。思春期に親と喧嘩するということは、どういうことを意味するかというと、小さいときに植え込まれた親の考え方と心の中で対決して、心の中である種の革命を起こして、年齢相応のおとなの考え方を自分の心の中につくっていく、ということです。それが青春期の精神発達の課題なんですね。

その場合、目の前に実物の親がいますと、ああ、この親が自分の小さいときに、こういう考えで、こういうふうに育てたんだ、というのがよくわかるわけです。だから喧嘩しやすいわけですね。ところが、目の前からいなくなってしまうと、喧嘩の相手がいないから、自分の心の中に住み込んでいる親と喧嘩をしないまま育つ、ということになります。大学生くらいになると、だいたいこの段階の問題は解決しているはずなんですが、中学から高校の時代は、なかなかむずかしい。

ですからseparationという問題は、ただたんに空間的に離れたりすることじゃありません。そんなことを言ったら、家出した人がいちばん親離れがいいということになるでしょう(笑)。ところが、家出なんかした人は、〝瞼の母〟じゃないけれど、母を実際以上に理想化して慕う、一生親に対する負い目をもったり、親ともう一度めぐり会いたいという気持ちが残って、心の中ではちっとも親離れしないというようなことがあるのです。

ですから、separationというのは、その本人の心の中で、親と自分が本当の意味で親の実像がありのままに見えるようになる、ということです。これがマーラーの定義です。こうなると、親も一人の人間で、よい面も困った面もある。自分本位の感情も欲望もある、ということが納得できるようになります。

母子の共生期

マーラーのいちばん最初のころの研究は、共生精神病の研究です。共生精神病という状態は、お母さんを自分の一部だと思い込んだ精神状態から成長できないような、病的な状態をいいます。自閉症はたいへん有名な言葉ですが、マーラーは、自閉症よりもうちょっと発達しているんだけれど、やはりまだ異常な状態で、共生期（symbiotic phase）というのがあると考えました。自閉症になると、そもそも親との関係そのものがない。自分の世界だけというのが自閉症だとすると、共生精神病は、一応自分と親との関係はあるんだけれども、この関係が共生的なのです。これは、親は完全に自分と一体であって分化していない、という心理状態以上に発達しない子どもの異常な状態をいいます。

たとえば、自分が御飯を食べたいと思ったら、その御飯はパッと目の前に来なければならない。よくいう現象で超常現象なんていう言葉がありますが、親の手を自分の手と同じように使って、食べたいものがあると、そこへ持っていって食べさせろというふうにするとか、親は自分が思ったように、足並みまで同時にそろえて歩かないと、とたんにギャーギャー大騒ぎして泣いてしまって、動かなくなったりする。

どういうわけか日本では、自閉症のほうが有名で共生精神病のほうはあまり有名にならないんですが、マーラーの研究によれば、正常な子どもですと、だいたい生後二、三か月から四か月のあいだにそういう共生状態から抜け出して、二歳半から三歳くらいまでに分離と個体化をある程度達成する。それが正常な発達過程である、と考えたのです。

きょうはそういう話を細かくする余裕はございませんが、マーラーに言わせると、正常な子どもはだいたい二歳半から三歳くらいで、お母さんを自分とは別な欲望、感情をもった人間だと納得し、そこではじめてお母さんとの成長した関係がもてるようになるのです。

ノーマルな「分離」

もう少し具体的にお話ししましょう。たとえば自分が何かお母さんと話をしたいと思うとします。お母さんにそれを聞いてほしいと思って「お母さん」と話しかけたとするでしょう。母親はそのときにいつでも一〇〇パーセント「ああよく来ましたね」というような調子で、その話を聞いてあげるとする。そうすれば、この共生状態の子どもも、お母さんとのあいだで気持ちが通じるのです。こちらが一〇〇パーセント、オールサービスして向こうの気持ちに一体化していれば、話が通じるんです。けれども、母親だって人間ですから、子どもが「お母さん」と話しかけてきたときに、ちょうど新聞を夢中になって読んでいる最中だったりする。そうすると「待ってちょうだい」とか、「うるさい」という気持ちになったりして、瞬間声をかけられなかったり、応答をしないことがありますね。すると、とたんにギャーッとなって、大騒ぎを始めてしまう。あるいはそこでプイッと、もうお母さんは僕のこと嫌いなんだとか、駄目なんだというふうに思い込んで、口もきかないで引っこんでしまう。つまり自分とお母さんの区別が本当にはついていないということなんですね。

本当にsaparateした子どもというのは、お母さんはお母さんとしての都合があって、たとえばお母さんもお腹がすいたり、自分だけで御飯を食べたいときもあるだろうし、感情というものがあって、機嫌の悪いときもいいときもあるだろうし、自分と同じように欲望とかいろんな事情とかをもっている人間なんだということが、ノーマルに発達すれば、だいたい三歳くらいまでにはわかる、というのがこの「分離」なんです。それと平行して、子どもは自分の感情とか欲望とかを、ある程度はコントロールできるようになる。それがおよそ二歳半から三歳くらいまでの子どもの発達課題だ、というのです。

ですから分離、親離れというものを考えるときに大切なことは、ただ何時間そばにいるかというようなことではなくて、その子どもがどのくらい親との情緒関係で、自分と親の欲望、感情、都合の不一致というものに耐えることができるか。あるいは逆に、お母さんについてそれを思いやることができるかというような、情緒的な成熟の度合いが、大きな指標になるのです。

過剰な自立心は危険

ところが最近は、親への依存はずっと続いているのに、自立心ばかりが強いという子どもが多くなりました。依存しているのに、自分一人で何でも思うとおりにやりたいという子どもです。これは、どういうわけか自立ということがひじょうにいいことだという観念があるからでしょう。戦後の民主主義教育では、自立ということが盛んに言われました。うちの娘が学校へ行ったころのことを考えてみましても、担任の先生が、朝から晩まで「自立、自立」ということを言うのです（笑）。

ところが、人間が他の動物と違うのは、母親に対する愛着、依存関係なしには育つことができないことなんです。人間は、社会とか他の人間との関係に依存しなければ暮らせない、という宿命があるんですから、あまり自立ばかりを言いすぎると、結局、連合赤軍のように、世の中の依存関係をすべて断ち切って、山の中に引きこもって殺しあう、というようなことになってしまうおそれがある。いまの青少年には、ややそういう傾向があるのです。自立願望ばかりが早熟に発達している。

性的なものが早熟になれば、自立願望は高まります。なぜかというと、性的な欲望が高まれば、親は邪魔になりますから。だから早く一人で暮らしたいとか、そういうことが出てくるわけです。しかし、ほんとうの意味では親離れしていない。依存しているのに、その現実を棚上げして、自立をするためにいろいろ親に要求して、親を思うとおりに動かして自立しようという、ちょっと矛盾した現象が、いまの子どもの特徴です。とても自立心が強いのに、実をいうと親にくっついたところで、親を道具にして自立しようという格好になっている。親から自立するつもりで結婚を考えて、その披露のお金は親に平気で出してもらうみたいなことですね。

自立願望の発達

話を元へ戻しまして、人間の発達上の一つの危険に、個体化が加速度的に進む時期があります。たとえば、小学校の上級生になると肉体的なものが、すごく急激に発達するような時期があるのです。あるいは性的なものが急速に発達する時期がある。子どもでいうと、二歳半くらいのときに、個体化の能力が急速に高まります。

まず一人歩きが自由にできる。空間、時間、いろんなものの認識能力が高まる。ある年齢になれば、お母さんがいて、お母さんの見える視野の中で子どもが遊んでいる、という時期があります。そのあいだお母さんが子どもをじっと見ていなくても、ミシンをかけていようが、本を読んでいようがかまわない。お母さんと同じ空間にいさえすれば、子どもはそこで一人で遊んでいられる。

ところが子どもにもうちょっと個体化の能力が高くなると、お母さんの目の届かないところへ行ってしまう。子どもは、自分の自立願望のほうでは飛び出すわけです。飛び出して、はっと気がつくとものすごく不安になる。十分に親から分離できていませんから、依存心が残っているのです。そうすると、お母さんがいないということで、ものすごく不安になって、またお母さんにしがみつくように戻ってくる。

そこで戻ってこない子にはどういう子がいるかというと、たとえば、自分がどんどん外へ飛び出していっても、お母さんはあとからついてくる、というような空想の持ち主ですね。

実は私もこういうタイプの子どもだったらしくて、幼稚園児のときに、新宿で迷子になったことがありました。父親と映画に行ったのです。そのころ私はたいへん自立心が強かったみたいです。〝僕は何でも一人でできる〟というふうな気持ちがとても強かった。そして二本立ての映画で、一本めの映画が終わったとき、パパもこれで帰ると思ったんですね。だから一緒にトイレに行って、自分はそのままトコトコと、当然パパはあとからついてくると思って、一人で映画館を出てしまったのです。新宿の雑踏でふっと気がついたら、後ろにいるはずのパパがいない。あわてて映画館に戻ってもわからない。一人べそをかいて、パニック状態に陥り、新宿の駅前の交番に助けを求めた、という幼い記憶があります。幸い自分の家の電話番号は覚えていたので、すぐに迎えが来て助かりました。

「かくれんぼ」のできない子ども

思春期の子どもの中にも、親があとからついてくるだろう、どこまで行ったって、親がどうせ追っかけてくるんだと思って、どんどん自立した方向へ行く子どもがいます。危険を顧みないといいますか。その一方で、すごく気が弱くなって、逆に親にしがみつく場合もあります。

そもそもマーラーの親離れ論をひと言でいうと、彼女の考えのエッセンスは、「イナイ、イナイ、バァ！」なんですね。

マーラーさんは、「イナイ、イナイ、バァ！」が始まるのは、生後四週間からと言っています。最近はパッシブ・ピークアブー（passive peekabou）といいまして、「イナイ、イナイ、バァ！」を親のほうがもっぱら子どもに向かってやります。そうすると、何か月目くらいからか、子どもがお母さんの顔を見てケラケラ笑う。それがずっと続くんですけれど、だんだん子どものほうが隠れたり、自分から「イナイ、イナイ、バァ！」をやるアクティブ・ピークアブー（active peekabou）になって、それからハイド・アンド・シーク（hide and seek）つまり、自分がわざと姿を隠してしまって、親に探させてワッと出てきたり、やがて子ども同士のかくれんぼになります。かくれんぼを友だちと楽しくやれるような子どもは、精神発達が順調と思っていいでしょう。

　ところが鬼ごっこしたり、かくれんぼができない子っているんです。登校拒否の子どもには、かくれんぼ遊びをしていて隠れると、それっきり鬼が見つけてくれないんじゃないか、という不安が起こってきてしまう。一人ぼっちになって、分離不安が起こってしまうんです。それで不安のあまり、わざわざつかまるようにノコノコ出てくる。時間にすればそんな長いことではないのに、それが耐えられない子ども、一人でじっとしていることが耐えられない子どもとか、鬼になったときに見つけることができない子ども、よく見ればいるのに、自分が独りぼっちでのけ者にされたみたいな感じにとらわれてしまって、鬼でいることが続けられない子ども、こういう子がいたら、かなり真剣にその子の心のことを考えてみてください。そういう、すごく耐久力の弱い子がいるのです。

　マーラー的にいうと、人間というのは「イナイ、イナイ、バァ！」を、まずお母さんと子どものあいだでくり返して育つ。さっきの迷子じゃありませんが、迷子になりきったら困るんだけれども、適当にいなくなったり、また出会ったりというようなことを、ずっといろんな形で続けていくことが、とても大切なのです。

分離不安を取り除くこと

そこで何が子どもの心の中にでき上がることが大切かというと、大別して二つあります。一つは、自分がかりに離れていても、戻ればお母さんはいつもそこにちゃんといる。自分を迎えてくれるお母さんがいつでもいるんだ、というお母さんイメージが、子どもの心の中にしっかりとでき上がるような、そういう信頼できるお母さん像をちゃんと心の中にもてるようになる、ということです。それがしっかりないと、いま言ったように、隠れているともう見つけてくれないんじゃないか。つまり、自分がいなくなったら、とたんにお母さんはさっさと別なほうを向いて、どっかへ行っちゃうんじゃないかとか、そういう不安感をもってしまうわけです。

悪い母親の例がとかく話題になりますね。ミルクを飲ませながら、新聞を読んでいる人、普通のお母さんだったら、子どもが自然にお腹がいっぱいになるペースで哺乳するところを、まるで機械みたいにミルクをギューギュー詰め込んで、自分の仕事に戻ってしまう母親とか、授乳しながら全然子どもを見つめないお母さんとか、いろいろありますが、母親のほうに不安定さがあると、こんなふうになるということです。

3．子どもとの信頼を結ぶ母親

そこで、子どもにそういう安定した、コンスタントな信頼できるお母さん像をもたせてあげるにはどうしたらいいかということですが、この場合にも私は悪いほうの話が得意ですから、望ましくない母親についてお話しします。

不安の強すぎる母親

子どもは、自立ができてくると、一所懸命一人で飛び出していこうとします。そしてそのとき、お母さんは「いいわよ、好きに遊んでいらっしゃい。お母さんはここにいるから、困ったり心細くなったらいつでも戻っていらっしゃい。いつでもここにいて、あなたのお母さんとして、あなたのことを考えていますよ」と思っていてくれる、という信頼感を心の中にもてる子は、存分に自由に行動できるわけです。ところが、子どもが一人で飛び出していこうとしているのに、自分のほうが不安になってしまうというお母さんがいるのです。子どもが自分の目に見える世界からちょっとでもいなくなると、あっ、もう表に飛び出していっちゃったんじゃないか。自動車にひかれちゃうんじゃないか。何か知らないところで、悪い毒物でも間違えて食べちゃったんじゃないか。ああ、いまごろ悪い人にさらわれたんじゃないか、というようなことがしきりと心配になる。子どもが自立するときには、母親の側が、その不安にある程度耐えることが必要なんですね。

こういうお母さんは、先ほどお話ししたかくれんぼの例でいうと、子どもが隠れちゃったときに、じっと待っていられないお母さんですね。お母さんがじっとしていないで、探しにいってしまうわけです。そうすると、子どもが帰ってきてみたら、今度はお母さんがいなくなっている。それで夢中で追っかけていってしまうとか、しょっちゅうお母さんが子どもをフォローしているとか、つき添いをするとか。これは、お母さんのほうの子どもに対する愛着《アタッチメント》（attachment）ということになります。お母さんの側に、子どもに対する愛着があまりにも強い。これは正常な愛着ではなくて、不安のある愛着《アンキシャス・アタッチメント》（anxious attachment）というふうな言葉で呼びますけれども、そういう不安性の愛着がものすごくひどいお母さんがいるのです。

支配力の強い母親

次に、こういうお母さんもいます。不安に由来するんですが、子どもがそういうときに、飛び出す方向、自立する方向に行くと、〝悪い子〟になったというふうに思うお母さんです。口ごたえする、言うことを聞かない、最近いたずらばかりする、お母さんに内緒で何をやっているんだ、というふうに思う。自分の支配下から離れていった子どもが、自分のわからないところ、見えない世界をもつと、隠しごとをしている、いたずらをしている、悪さをしている、けしからん。友だちはみんな悪い友だちだ。お前のやっていることは悪いことなんだ、と言って、自分の支配できない範囲に子どもが入ってしまうと、みな悪いことだと言って叱る。子どもはお母さんに叱られたらこわいから、ぐっと生活空間を縮めて、いつもお母さんの見える世界だけで暮らすことになる。そうすると、ああ、いい子だ、いい子だ、あなたはほんとうにいい子だ、お母さんの言うとおりにして、お母さんに心配かけないで、とてもいい子だと言って可愛がる。

もっとひどくなると、子どもが甘えてきて、ベタベタと子ども返りをすると、すっかり安心して、ああ、おまえはやっぱり私の子だ、最近は何か生意気で、外ばかり向いていやな子だったけれども、ほんとうにおまえはいい子だと、喜んで甘やかす。こういうお母さんは、子どもの親離れを知らぬ間に妨害していることになりますね。

いまのような悪い意味での甘やかしと、子どもが真実困って寄ってきたときに助けてあげて、ちゃんとそれを世話してあげる、という意味の母親の役割との差は、子どもにとってはとても重大です。でも、なかなかこの違いに気づくのはむずかしいことですよね。むずかしいことですけれど、実際はこの辺は普通のお母さんならば、微妙にうまくやっているんです。ところが少し病的になると、こういうお母さんが登場することになります。そうすると、子どもはいつもいつもお母さんの顔色を見て、お母さんの許可する範囲でしか暮らせない。そして、その空間を離れると不安で不安で、お母さんに怒られるんじゃないか、見捨てられるんじゃないかと、もうしょっちゅう心配している。登校拒否なんかになるお子さんというのは、こういう傾向がともすると強いように思います。

そこで大切なことは、お母さんの態度に一貫性があるということです。自立の方向に行ったときにはすごく悪い子だと決めつけたり、甘えてくるとよい子だと手のひらを返してかわいがるというように、お母さんの態度に落差が激しいと、子どもは一貫したいつも同じ自分というものを守りながら発達していくことがむずかしくなります。

4. 思春期の親離れ

社会的人間関係の成熟

ここで話を思春期に移したいと思います。

われわれ精神科医の最近の共通したものの見方として、およそ小学校の上級生、五、六年生くらいから思春期の前ぶれが始まり、一六、七歳くらいまでにかけて、いわゆる生物学的な成熟というものがあります。第二次性徴であり肉体的な成長というものですね。こういった肉体的な成長を推進力にして、いわゆる思春期の親離れというものが進んでいきます。ところが、心理学的にみると、そういった生物学的な成熟と同時に、それだけではなく、いろんな人間関係だとか、社会的な条件とかいうものが関係してきて、真の意味で思春期の親離れがほぼ達成されるといえるのは、やはり高校を卒業する一八、九歳から二〇歳近くの年齢までかかる、という見方があります。だいたい一七、八歳で生物学的な成熟が止まるわけですが、それ以後、社会的な意味でのさまざまな問題にぶつかって、そこで親離れを果たしていく時期があるのです。

まのびする青年期

大学に入ったころには、一応はそういう情緒的、心理的な親離れができあがって、社会的な自分、つまりおとなになっているはずなんですけれども、最近はだんだんこの期間がまのびしてまいりまして、大学生になってもそこまで行かない子どももたくさんいますし、会社に入ってもまだそこまで行ってない人もいる。はっきりと、分離、独立ができないという問題があります。

ちょっと笑い話みたいなんですが、四月から五月にかけて、こういうことを真剣に相談にくる患者さんが目立って増えるのです。「朝起きられないんだけど、どうしたらいいでしょう」と。会社に入った。まだ大学生のころなら、朝起きられなくても、午前中の九時からの授業の単位を取らないということですんでいたわけですが、社会人になったいまは、どうしても朝八時半までに出勤しなければならない。だいたい下宿で一人で暮らしているときは、どうしても朝起きられない。いなかのお母さんが、毎朝電話を二度、三度とかけてくれるんだけれども、また寝てしまう。なんとか朝起きられるような薬はないでしょうか（笑）。——これは実際の話なんですよ。そういうことで真剣に相談に来る青年がおりますし、大学とか、入社するくらいの青年でも、夜一人で眠れない。さびしくなって、お父さんとお母さんの寝ているところへ行って、一緒にそばに寝かせてもらう。さっきいった親離れ、つまり分離と個体化の両方とも悪いような青少年が、たしかに増えていますね。

一般的なことでいうなら、思春期の場合、やはり一つは性的な成熟というものが親離れをかなり推進する。さっきいった個体化のほうの能力を高めるということはあります。そこで問題なのは分離のほう、つまり、親と自分は一体で、親は自分の思うとおりになるんだ、という気持ちのほうがすっきりと解決しないまま、思春期を通っていく子どもが、最近はひじょうに目立つということです。

操作的関係への傾斜

昨今の子どもは、ものごとを操作するというか、自分の思うとおりにものを動かす、という傾向がたいへんに強いですね。ですから、親に対してもこの傾向は強く出てくる。いろんなメカ、テクノにめっぽう強い。機械をいじくって、自分の思うとおりにする、という能力が発達していますね。それはそれでいいんですが、同じようにそれができない関係というものに対して、ひどく攻撃的になるか、拒絶的になってしまう。だから人間関係が、結果的にはたいへん稀薄になってしまう可能性があります。自分の思うとおりになる関係ならつき合うけれど、そうでない関係になると途端にだめです。表面的には他人と喧嘩もせずにいるんですが、ほんとうには、つき合わなくなっちゃうんです。親子喧嘩にしてもとことん喧嘩をしないで、うまく行かないと、自分の部屋にこもってステレオをかけるとか、ウォークマンを聞くとか、そういう形で処理してしまう。あるいは一人でコンピューターゲームをやるとか、そんなふうに処理してしまって、人間関係を深くもとうとしない傾向は、いまの青少年の一つのあきらかな傾向になっています。

いまの子どもたちにとっての親離れというものを考えていくときに、そういう形でほんとうには親が自分と別の人生をもった別な人間だということが納得されないまま、見かけだけ親と距離を置いて、引きこもってしまうという現象がみられます。それは本来の意味での親離れにはならないので、内心ではすごく不安が強いのです。そして、どうせ世話をしてくれないんなら、俺は俺でやるよというふうな、怨みみたいな気持ちを抱きながら、自分で自分のことをやって、一見親から離れたように見えているというような子どもが多くて、親と心底話しあったり、ぶつかったりして成長して、親離れをしていく、というパターンにならない。またそれを取り囲むように、受験勉強があったりなんかしますから、結局、ちょっと空想的な、内にこもった、現実的でない世界で思春期をずっと通ってきてしまうような子どもが多いのです。

生身の人間関係へのショック

そういう子どもが大学生くらいになってから急に破綻する。無気力状態に陥ったりするわけです。ほんとうの意味での思春期の分離―個体化の過程を通らないでくると、なかには登校拒否になったり、家庭内暴力をふるったりすることになります。

親離れのときには、とかくゴタゴタと軋轢があって、それ自体悪いことのように思われるのですが、その中には二種類あって、われわれからみると、比較的正常と思われる分離―個体化を懸命にたどろうとしているために、親とのあいだに軋轢を起こしたり、親を困らせたりしているものがあります。親と〝鬼ごっこ〟をしている子がいるわけです。実はそういうことを活発にやる子のほうが、二〇代になってからの社会生活においては、比較的成熟できる。ところが、受験だ、進学だなんていうことで、その段階での心の問題をそっとしておく、あまりさわらないでおくという態度をとると、空想的な世界とか、メカの世界とかに逃げ込んで、正面衝突しないでずうっと行くようになる。親にしてみればそのほうが無難ですからね。だから、見かけの親離れはしていても、本物ではない。そういう人が学校を終えて社会人になって、会社の機構の中に入ると、いままでのように逃げ込んではいられませんから、肌と肌のぶつかり合いみたいな場面で破綻してしまうわけです。最近よくあるのは結婚したときですね。結婚して共同生活をしたときに破綻する。あるいは子どもが生まれたときに破綻する。そういうケースが、けっこう多いんです。

子どもを見守ること

そのことをもう少し具体的にいいますと、たとえば子どもがかなり乱暴な言葉を向けたり、家を飛び出すようなことをする。親の言うことを聞かなかったり、親と違う考えや行動をとったりしたときに、うろたえたり、威圧的に出たりしないで、ふところを深くもつということです。どの程度までという範囲はなかなかむずかしいんですが、ある程度まで自分の手の届かないところに行っても、また必ず自分のところに戻ってくるという、どんな子どもも遠心力だけじゃなくて、求心力をもっているんだという、そういう意味での子どもへの信頼とか、自信のようなものを、親がまずもっていることがとても大切です。

ところが、さっき言いましたように、親のほうが追いかけたり、いなくなったりしたら、子どもは途方にくれてしまいます。これは子どもが中学生になったころから、大学に入るくらいまでのあいだ、親はみんな我慢して続けるべきだと思います。そのあいだの一〇年間くらいは、親にとってはたいへん苦しい戦いです。しかもこれは守りの戦いであって、こちらが攻勢に出るということができない戦いです。そのあいだ、親ががっちり存在しつづけて、コンスタントに同じところにいるということがとても大切なのです。極端にいえば、一時的、空間的に離れることがあっても、そういうことは本質の問題ではないのです。精神的にもう一度戻ってきたらいつでも受け入れられるような関係、そういうところで子どもを見ていてあげる、見守るということがひじょうに大切です。

強すぎる同調性

第二にいえることは、いまの親には自信がない。どういう考え方をもって子どもに接すればいいかがよくわからない。たしかに、中学、高校くらいの思春期の子どもをもっているお母さんたちの話を聞いてみると、とくに、女の子をかかえた場合にそのことがいえます。とりわけ異性問題などは母と娘との世代にかなり行動様式の落差があるので、お母さんが自分の思春期の経験をそのまま基準にして子どもに対応すると、深刻なギャップを感じてしまう。

どうも同調性が高すぎるんですね。隣の家がビデオを買ったから、うちもビデオを買わなくちゃいけないとか、隣のうちが車を買いかえたから、そろそろうちも買いかえましょうというふうに、いまの日本には、隣がどうだから私もこうするという他人指向型の傾向がありますでしょう。それが教育やしつけの問題にも及んでいて、お宅のお子さんはどうでしょうかと、よく父母同士電話で相談していますね。お宅のお嬢さんは夜何時に帰りますかとか、遅くなったときには電話で連絡をとるようにしているかとか、ボーイフレンドが家に来たときには、二人だけで個室に入れてもいいものかどうかとか、こういう問題がしょっちゅう話題になるでしょう。そんなときみなさんは、お友だち同士とか、同じ年ごろの子どもさんのいる親同士で必ず相談するわけです。お宅はどうしている、○○先生がこう言っていた、○○学校ではこうだそうだと聞くと、じゃあこの程度はいいでしょうね、ということで決める人が多い。こういうのを同調性というわけです。

あまりそればかりでいると、子どもにしてみれば、親が親としての一貫性をもっていないということを感じて、親の権威がいちじるしく低下します。子どもというのはしょっちゅう、こんなことをやったらお父さんが怒るだろうとか、これをやったらお母さんが悲しむだろうとか、そんなことをしたら駄目と言われるだろうということを考えているものなんです。子どもにはわかっているわけです。長年一緒に暮らしているんですから。それを頭の中に置きながら、親離れ運動をやるわけです。ところが、てっきり怒られるだろうと思って家へ帰ってきたところが、ニコニコして迎えられる。お母さんは、よそのお母さんに電話をして納得しているんですね。こうなると、子どもがせっかく夜遅く帰ってきても、意味がなくなってしまうわけです。夜遅く帰宅するのには、一種のデモンストレーションの意味もあるわけですから。するともっとひどいことをやらなきゃならない、というふうに子どもは考える恐れがあるのです。

考えの違いは当然である

親には、小さいときからその子どもを育てた教育の歴史なり、個人としての考え方があるし、自分の人生における異性関係なり、恋愛なり、思春期の問題なり、親離れの経験なりがあるでしょう。それを一つの基準にして、子どもに対応したほうがいいということです。そうすると、親というはっきりとした存在感のある人格が、子どもと対決することになり、お互いの違いもよく見えてくる。

日本人は、考えが違うということを、何か悪いことだと思う節がありますね。同じ考えでいないと悪いような……、そうじゃないんです。考えが違うということ自体は、ちっとも悪いことじゃない。お互い人間は、それこそ separation しあった同士なんですから、separation によってみんなが違うわけです。互いに異なるところを明確にして、どう違うかを話しあったり、ときにはどういうふうに妥協するかを考えるのが、思春期の親子関係ではぜひ必要なんです。それを、違うということがあきらかになることは即親子関係の破綻である、というふうに受けとってしまう傾向がお互いにありますね。これは夫婦関係でもそうみたいですね。お互いの考え方が違うということは十分わかっているはずなのに、違いのほうには目を向けずあまり表だたせないで、共通するところ、一致できるところばかりを探してつき合っていく、という傾向がありますでしょう。そうするとどこかで互いに息苦しくなってきて、閉じ込められたような感じになってくる。そこから飛び出そうとすると、もっと過激な形で親離れを試みなきゃならないことになってくる。やはりもう一つ成熟した関係を親がもつためには、ある程度考えの違いというようなことを明確にすることができるような、あからさまにしても大丈夫のような関係をつくっていかなくてはならない。それが必要だと思います。これは夫婦間でもそうですね。

子どものほうも、たしかにそのときの場面では言うことを聞かないし、喧嘩をしたり、争ったり、反抗するでしょうけれども、反抗すると、結果として、ああ、俺はこのお母さんのこういう考え方で育てられたんだ、ということを知ります。そして、自分の心の中にも当然同じような考え方が住んでいるわけだから、そういうものとの戦いができる。そうすると、自分を最終的にはまとめていく、統合していくような発達の可能性が生まれてくるわけです。

早すぎる親への幻滅

もう一つ、親離れの三番目に言っておきたいことは、親に対して子どもが幻滅(disillusionment)を味わうことが必要だということです。子どもというのは、いちばん最初は自分の親がいちばん偉いと思っているものです。これについては、いろんなところでよく取りあげる例ですが、私の子どものころの鮮明な記憶をお話ししたいと思います。

家の近所に、しょっちゅう道端で胸をあらわにして、幼い子どもにお乳をやりながらふうふう歩いている見すぼらしい身なりの女の人がいました。見るからにきたならしくて、いつもズダ袋を持って歩いていました。誰の目にもどうにもしようがないと思われるその女の人もお母さんだったのです。その子どもが「お母さん、お母さん」といつも呼んで、お母さんにくっついているわけです。やっぱりこのお母さんが世界でいちばんいいと思っているんだな、頼りにしているんだな、と思ったときに、ああ、親子関係というのは大したもんだとつくづく思いました。

その子どもにしたって、幼稚園、小学校と進んでいけば、やがて自分の親の実像を知るわけですが、このごろの子どもは親に対する幻滅の時期が早いんですよね（笑）。社会というものが非常に固定していて、価値観が共通している村みたいな狭い社会ですと、一人の人間のライフサイクルの中でも、案外価値観が変わることがありませんね。悪い例でいえば、戦争中の日本みたいなことになってくると、ある特定のものの考え方しかありませんでした。そしていろんなものを偶像化したり、極端に理想化したものを真剣に信じ込む。中世のキリスト教の世界でも同じようなことがありましたね。昔の家庭というのには、そういうところがあったわけでしょう。お父さん、お母さんはとてもいい人で、偉い人で、みんな子どものことを思っているというような、子どもから見ると、親は神格化されているとか、理想化されているような構造がありました。

親への理想化をなくした教育

終戦のとき、私は旧制中学の四年生でしたが、いまでいう中学二年生のそのころに、父親像が崩れるような経験がありました。私もある程度自分の父親を理想化していたところがあったと思うのですが、小学校の五、六年くらいから、だんだん父親に対して批判力が出てきたわけです。父親のいやな面とか、悪い面とかを内心で批判はしているんだけれども、それを誰にも言えない。教育勅語の時代ですから、親の悪口なんかとても口に出せない。ところが、中学の二年生のときに、私の家庭教師になってくれた慶應大学の教育学部の学生のお兄さんに、はじめて自分の父親に対する不満をぶちまけました。そのころちょうど父親に叱られて、気持ちが憂うつなときだったのです。先生が、君はどうして憂うつそうなのかと聞いてくれまして、その言葉をきっかけにして、とうとうそれまで抱いていた父親に対する批判をしゃべったんです。それが他人に親の悪口を言った最初の経験なんですけれども、実はその経験が、私がいま精神科医という仕事についている大きな背景としてあるのです。

思春期になったら、親に対する悪口とまではいわなくても、批判を誰かに聞いてもらうというような経験が必要なんですね。それがひじょうにその人の精神生活を助ける。そのときの家庭教師をしてくださった学生のお兄さんは、いま女子大の学長をしておられますが、最近もその先生と会ったときに、そういうお話をしました。私にとっては恩人みたいな人ですね。

私の体験では中学二年生でしたが、いまだったらもっと早いわけです。テレビもあれば深夜放送もある。電話も発達しているし、もう親を神格化するような教育は、学校にも社会にもないから、ひじょうに早い時期から幻滅を味わう。幻滅どころか最初からしらけて、なかなか理想化されないこともあるかもしれません。

いまの教育問題は、あまりに早くから、親や教師の理想化・神格化をしなさすぎるところにあるような気がします。それは逆に子どもにとってマイナスの部分もあるのです。教わる人というのをある程度理想化しないと、ありがたく思えないというふうなことがあるでしょう。そういう教育の考え方は最近だんだん古くなっているのかもしれませんが、それでもなおかつ思春期、青春期になりますと、幻滅がもう一度ひじょうに大きな形で起こってくるんです。とくに男女の関係などを意識しはじめると、親もまた男性であり、女性であるということが、ひじょうに大きく意識されるような時期がくるのです。

阿闍世コンプレックス

私の書いたものに、阿闍世コンプレックス論というのがあります（『日本人の阿闍世コンプレックス』中公文庫）。そこでは未生怨《みしょうおん》が語られています。未生怨というのは書いて字の如く、未だ生まれる前から抱いている怨みのことです。この未生怨には、結局のところ親は、男性や女性としての欲望のために子どもである自分を生んだのであって、親である以前に男と女である。つまり、自分の性欲のために自分を生んだんだ、と。けっして僕が頼んで生んでもらったんじゃない。そしていまでも、おやじとおふくろには、そういう性欲で結びついたような関係があるんじゃないか。その結果、どうしてこんな不幸な僕を生んだのか。生まれなければよかったんだ。実は、こんな怨みの気持ちがいまの若い人にはたいへん起こりやすい情報環境がありますね。親や一般のおとなに対する幻滅が、ひじょうに起こりやすい環境があります。

ところが一方で、いまの子どもには、separation の悪い子が多いから、親は何でも自分の思うとおりになって、自分のために存在すべきだと思っている。小さいときから、とくにお母さんについてはそういう考えをもっている男の子が多いんですね。すると思春期になって幻滅が起こったときに、急に母親に対する怨みとか、憎しみとかが激しく起こってくる場合があります。これが家庭内暴力といったような形で親子関係がこじれてしまうかなり大きな要因になっている。だから彼らが盛んに言うことは「俺は頼んで生んでもらったんじゃない」とか、「おまえたちの欲望で生んだんだから、おまえたちには一生俺の面倒をみる責任がある」というようなことです。

自己コントロールのできない子ども

これは登校拒否になった子どもでもそうですね。だいたい登校拒否を起こした子どもの親は「私が生んだんだから、死ぬまで世話しなきゃならない」というようなことを口走ったりするんですね。それで、子どもが「自分の運命は親が責任をもつべきだ」と居直ってしまうということになるのです。赤ん坊のときだったらそうかもしれませんが、思春期を越えれば、それはもう自分自身の運命なんだけれども、そこを認めない。

早くからあまりにも性的に早熟で、その辺が見えすぎた子どもというのは、自分自身で、自分の欲望の自律的なコントロールがきちんとできなくなってしまうのです。ですから道徳心などが、理想化されたところから入ってきていない。

ところが、そういう親離れに失敗した子どもが自衛隊なんかに入って、ひじょうにきちっとした子どもになったり、男女関係がすごく乱れていた子どもが、規律のきびしい全寮制の、私生活なんかないような職場生活を送っているうちに、実にみごとにきちんとした生活を身につけたというようなことがあります。現代の環境というのは、構造があいまいで、若い人が自分の欲望を自律的にコントロールしにくいのです。

そこでやはり青春期の幻滅、親への怨みといったような問題が、親離れと関連して出てくる。こういう問題が起こるのも、ある程度は正常な発達の範囲としてはやむを得ないというふうな覚悟が必要だと思います。

こういうときにむずかしいのは、お父さん、お母さんに異性問題があったりした場合です。思春期前後、とくに中学から高校くらいの子どもさんのいるあいだは、親が親らしく、道徳的になっていないといけない時期というのがあるようです。大学生くらいになると、男女関係に対してもおとなになりますから寛容性が出てくるのですけれどもね。お父さん、お母さんの異性問題に発する親子関係の悲劇というのは、ひじょうに多いです。

5．子どもの自立を励ます家庭

アメリカの家庭崩壊

最後に、子どもの親離れ、あるいは自立が可能になるための健全な家庭の条件、ということをお話ししたいと思います。ここ数週間、アメリカの大学や病院に用事があってあちこちまいりました。そのときの個人的な経験をいいますと、行く先々でかなりのカルチャー・ショックを受けました。最近、新聞でも、アメリカの家族問題を特集し、いろいろな角度から報告されていますから、私がいまさらお話しすることでもないのですが、私なりにショックだったものですから一つお話ししてみたいと思います。

たとえば、ある世界的に有名な精神医学校では理事長さんが再婚だし、研究所の所長さんが去年奥さんに離婚されました。ニューヨークのある有名な大学の精神科に一週間ぐらいおりましたときに、そこの病棟の、日本でいうと教授、助教授、講師みたいな方六、七人と食事に行ったんですが、気がつくと一人を除き一緒にいた人、全員が離婚者なんです。一〇年前からの知り合いの助教授の女性をはじめ、女性のサイコロジストや精神科医の人はみんな離婚しています。それから、そこの分院のさる助教授のところへ行ったとき、われわれのスタッフの一人が、今度某教授が日本に来るとき、有名な学者でもあるその奥さんも一緒に来るんだろうかと聞いてみたんですが、みんな口を濁すんです。どういうわけかというと、そのころまで無事に二人がもっているかどうかわからないと言うんです（笑）。私ととても親しい、アメリカでも五指に入るくらい高名なある精神科教授は、もう六五、六歳になるんですが、昨年三〇代の女性と再婚いたしました。アメリカではどこへ行ってもそういう状況があります。

親－子関係からおとな－子ども関係へ

私は精神科医ですから、アメリカである社会病理現象が起こると、いずれ一〇年、二〇年後には日本でも同じことが起こってくると先を読んで防衛体制をしいております。そこでいま盛んにファミリー・ライフサイクルの研究をしています。

そのファミリー・ライフサイクルの一つの問題に、アメリカの家族精神医学の教科書では、離婚と再婚によるファミリー・ネットワークの形成というテーマがノーマルなライフサイクルの中に入っている。五〇パーセント以上離婚すると、離婚するほうがノーマルなんていうことになるでしょう（笑）。そういうかなり深刻な方向があって、アメリカではファミリーというものや、子どもの親離れとか愛着とかいうものを、親子というレベルではなく、〝おとなの人間に対する子どもの愛着〟というように、一つひとつエレメントに解析し直しています。極端にいうと、どこまでが実のお母さんでなきゃならないのか、赤ん坊におっぱいをやったりなんかするのがそうか、そこにずっと男性がかわりにいたらどのくらい違うのか、というふうなことも含めて、いろんな解析をしているわけです。そして〝家族〟という言葉は一応やめてしまって、ヒューマン・サポート・ネットワークとかいう言葉でいい直しています。子どもにどれだけのヒューマン・ネットワークがあったら一人前に育つのか、というような発想の研究もあります。

父母の連合

日本での話をすると、日本は近年ひじょうに核家族化してきておりますけれども、その場合に重要な問題は、家族精神医学的には三つの条件ということがよくいわれます。

第一は、父母の連合ということです。どんなことがあっても、父母が連合軍になっている、ということです。たとえば子どもが家出をしたり、オートバイを習いたい、女の子となにか問題を起こしたといったときに、お父さんとお母さんがいつも同盟軍で、結束を固くして子どもに当たる。とくに思春期にはこのことがとても大切です。ところが、どうも子どもに問題のある家庭ほど反対なんですね。母親と息子とのあいだでこっそり根回しをしておいて、お父さんにはこう言ってあげるから、おまえはお父さんの前ではこれこれというふうに言いなさい、というようなことをやる。それが隙間になって、親子関係におけるほんとうの意味での子どもとの対決の場が成り立ちにくい。

世代境界の確立

第二は、世代境界を確立するということです。親の世代と子どもの世代との境界をきちんと確立する。これはつまり、家庭の中の秩序ということです。おとなはおとな、子どもは子どもという線をきちんと小さいときからもつことは、とても大切です。ところが、日本はだいたい川の字文化といわれまして、世代境界をつくるなんて子どもにとてもかわいそうだ、という感じなんです。これはなかなか面白いのです。このあいだ、アメリカに一〇年以上もいる日本人の精神科医の何人かと会って話したんですが、東京で子どもを育てたときにはなかった現象があるということを、二人の別々の精神科医から言われました。日本で生まれ育った上の子どもよりも、アメリカへ来てから生まれた下の子どものほうが、指しゃぶりや爪かみをするというのです。そして、これはよく考えてみるとすぐわかるといいます。つまり、日本では、子どもが爪かみだの指しゃぶりをするほどフラストレーションを与えない。お母さんはいつも子どもと一緒にいますからね。お父さんだけ出かけている。ところが、アメリカに行くとベビーシッターを雇って夫婦で出かけたり、ということが日常ですよね。子どもはそのあいだ、お母さん、お父さんと離れたところにいて寂しいから、つい指しゃぶりとか爪かみが多くなる、ということなんです。

先ほども言いましたが、日本は世代境界があいまいなところがありますね。しかし、いまの日本はこれだけ近代化してきているのですから、米国化した教育を受け、より近代人になった子どもに親側が対抗するためには、やはりその辺をしっかりしないといけないだろうと思います。

父親の生き方、母親の生き方

三番目は、男性、女性としての役割というか、観念をはっきりともつことです。これは男性、女性としてのお父さん、お母さんの行動、考え方のことですね。これからの女の子は、あなたは女としていったいどういう考えでここまで生きてきたんですかということを、自分の母親に問いかけ、その模範を要求するだろうと思います。そのときに、時代が違うからあなた方とは重ならないでしょうが、自分は自分なりに女としてこうであった。お父さんは父親として、男性としてこうであったということを、はっきりと子どもに示すことができる、子どもの模範になれるという自信をもつことだろうと思います。それはけっして、〝私、つくる人。あなた、食べる人〟というふうな意味のことじゃないのです。お母さんは美容師として働いていて、お父さんのほうは収入が少なくたって、そういうことは二の次の問題です。要はものの考え方、生き方の問題です。

以上の三つを、子どもの健全な親離れ、自立をする条件としてあげておきたいと思います。

どうもご静聴ありがとうございました。

Ⅵ

悲しみといやし——対象喪失とモーニング

「断念の術さえ心得れば人生はけっこう楽しいものです」とフロイトは語った。「精神分析の神髄は?」と問われるなら、やはり私はこの言葉にそれが代表されていると思う。断念の中でもっともつらく悲しい体験は、愛する人、身近な友を失う体験である。またそれと同時に、最愛の対象である自分自身をも、老い、そして死によって失うのが世の定めである。それだけに心の究極の課題は、別れや喪失の体験をどんなふうに心の中で受けとめるかというモーニング・ワーク(喪の仕事)の営みである。

この場合、ただ悲しみ、再会を願うだけでなく、むしろ別れた相手とのあいだで体験する悲哀や喪の心理の中で、相手に対する怨み、憎しみ、そしてまた悔やみ、償いの気持ちをどんなふうに心の中でたどっていくか。このモーニング・ワークの心理を理解することが、フロイトの言う断念の術を学ぶことである。

誰もが一人でこの苦痛な作業を営めるとはかぎらない。その悲しみを共にする人の支えがあってはじめて可能になることも多い。お互いに支え合いながら、モーニング・ワークをどんなふうに体験するかが、精神分析のいちばん大切な役割なのだが、愛する人を失うときにも、死の臨床の場面でも、老いの心理とかかわるときにも、まず、本章でお話しするモーニングについての精神分析の話をぜひ聞いてほしいと思う。

1．対象喪失とは

「対象喪失」研究のきっかけ

私が精神医学的に「対象喪失」について研究をはじめたのは、一九六五年のことです。一九六四年にはじめてアメリカに行きまして、ロサンゼルスでジョー山本さんという二世の精神科医に出会いました。彼はその後、ＵＣＬＡ（カリフォルニア大学ロサンゼルス校）の精神科の教授になりました。そのジョーさんと会っていろいろ話しているときに、「東京とロサンゼルスで共同研究をしませんか」ともちかけられたのが最初でした。

共同研究のテーマは二つありまして、一つは、きのうきょうまで夫婦健在でいたカップルの夫が突然亡くなり、その妻である未亡人の方を探しだし、彼女が一年間、心理的にどんなプロセスをたどるかを観察するというものでした。もう一つの研究テーマは、慶應病院に入院している患者、たとえば肝臓病、胃がん、心臓病であるといった普通の内科の患者さんが、発病にさかのぼる一年のあいだにどれだけの肉親、夫婦、親、子ども、兄弟を失ったかを調査するというものです。

この二つを、アメリカと日本で一緒にやってほしいということでした。残念ながら、内科の入院患者についての調査は、最終的には研究としてはうまくいきませんでした。なにしろ三〇年以上前のことで、当時の内科の先生が「何のためにそういうことをやるんだ」と理解がなく、協力も得られなかったのです。しかし考えてみると、いまや精神医学の最大テーマの一つはこの問題になっています。つまり、対象喪失が人間の体の病気の発生にどんな影響を及ぼしているか、という問題です。

最近は、精神科の教室に入ってきて勉強したいというお医者さんの中に、「何を目的に精神科の勉強をするのか」と問うと、「がんの発病の研究をしたい」と言う人がいます。ついこのあいだも、私のお弟子さんががんセンターと連携して、がんの診療をしているお医者さんと精神科医が一緒に研究できるようなプログラムをつくりました。

いまやがんや心臓病など、さまざまな体の病気の発症、経過に、対象喪失がどのようにかかわっているのかということが、ひじょうに重要な課題になりました。むずかしくいうと、精神神経免疫学《サイコオンコロジー》という学問の領域になります。

人間はたえずがん細胞をつくり出しているそうですが、そのがん細胞をいつも殺してしまうリンパ球も存在します。対象喪失によって気力・体力が低下してしまうとがん細胞を退治しているほうの細胞に力がなくなって、それがきっかけでがんがいっせいに増殖し、それが発病につながる、というような仕組みが少しずつ研究されてきています。ですからいまは、対象喪失の研究は、精神医学にかぎらず、医学全体のひじょうに大きなテーマになってきているのです。

さて、もう一つの未亡人の研究は、研究としてとてもうまくいきました。突然未亡人になった人をどうやって探すのかという問題があったのですが、東京の大塚にある監察医務院の先輩にお願いして、妻子をもっていて突然亡くなった男の方を全部通知してもらいました。そして、その奥さんのところへお悔やみに行ってお焼香をして、それから一年間、未亡人宅へ通います。監察医務院とは、交通事故や病気の発作などで突然お亡くなりになった方を解剖して、死因を確定するところです。

チームをつくって、精神療法的なサポートなどの仕事もしながら、未亡人の方と歩みを共にするという仕事を行なったわけです。こういったわれわれの仕事は、歴史的にみても、対象喪失などによる悲嘆の中にいる人々を精神医学的に援助するという仕事を系統的に行なった、わが国ではいちばん最初の試みです。

感情表現の穏やかな日本人

研究の結果を申し上げますと、第一に、アメリカの未亡人の方に比べて日本の未亡人の方のほうが、悲しみの表現が穏やかで控えめである、ということです。アメリカの方は人前でも感情の表現をあまり隠しません。悲しみ、怒り、あるいは夫を失ったことに対する困惑など、そういう感情が生で表現される度合いがひじょうに高い。一方、日本の未亡人の方は、人前ではほとんど感情を表に出しません。人前で泣き叫んだり、取り乱す人はひじょうに少ない。葬式なんかもちゃんとやられます。やはりその背景として、ある種の国民性、文化の感情表現の形式の違いというものがあるのでしょう。

神戸の震災のときでも、外国の新聞記者などが現地に行ってみて、被災者のみなさんがひじょうに冷静であるということに感心しておられたようです。ここに、やはり日本人特有の感情表現の特徴があるのではないかと思います。

もう一つは、三〇年前のことではありますが、夫を失うということの意味あいが、アメリカ人と日本人とではだいぶ違うようです。日本人の場合には、夫がいなくなっても、子どももいれば親きょうだいもいる、近所の人もいるという具合に、慰め合う人間関係がまだ比較的多くありました。ところがアメリカ人の場合はとにかく夫婦中心ですから、夫がいなくなると人生でいちばん身近な対象がいなくなってしまう。子どももいずれは離れていってしまうし、親とは結婚したときから距離ができていますし、ほんとうに孤立したような状態になってしまう。パーティーにも出られないし、社会生活もできないんです。そういうふうに、夫を失うことの意味あいの激しさが全然違うということです。

文化による「死生観」の違い

もう一つは、文化的にも興味深いことですが、「死生観」の違いです。

アメリカの先生たちが興味をもったのは、初七日、四九日、一周忌、お盆などの日本の仏教の習慣です。しょっちゅうみんなで集まる。仏教は誰かが亡くなったあとの喪（mourningモーニング）の文化的な慣習とか儀式がひじょうに発達している宗教です。それに家にはお仏壇があって、そこに死んだ人の写真が飾られており、毎食ごとにご飯をお供えして、死んだ人も一緒に食事をしているような雰囲気がずっと家の中にある。日本の家族は、たとえばお父さんが亡くなっても、亡くなったという実感をもたないで、そのままずっと暮らしているようなところがあるのです。つまり、ほんとうの意味での喪失や死というものを認めていない、これを「否認」（＝denial）といいますが、この否認の傾向がとても強いのではないか、ということが指摘されました。これは日本人の一般的な傾向として最近もいわれていますが、日本人は、いつも心の痛切な喪失に出会わないような雰囲気の中にいるのではないでしょうか。

ジョーさんが感激したのはお盆とお仏壇ですが、とくにお仏壇の存在というのは国際的にもひじょうに大きな話題になりました。対象喪失についての研究では英国の代表的な精神分析学者であるジョン・ボールビーという先生の有名なモノグラフがあります。そこに私たちの研究が数ページにわたって紹介されています。そこで彼がとくに問題にしているのがお仏壇の存在です。日本人の宗教的背景も関係あるのでしょうが、どうやら日本人には、死生観の中に死者との別離に対しての深刻な実感が乏しいということが書かれています。この議論はもっと精神分析で深く入っていくと、日本人は自分と他人の別れ、相手を失う（separation

＝分かれる）ということについて、何か自分たちとは絶対的に違う、喪失や別れなどについての深刻さがどうも違うのではないか、という話になりました。

日本のお盆などという習慣は、アメリカ人にとってはひじょうに驚きで、びっくりするわけです。しょっちゅう死んだ人と意思交流をしているわけですから。アメリカの場合は、思い出としての写真はあっても、お仏壇みたいなものはありませんし、そもそもキリスト教というのは、死んだ人、つまり神様以外を拝んではいけないわけです。ですから、死んだときはひじょうに別離、分離という感覚が厳しい。まったくの喪失になってしまうんです。そのかわりアメリカ人の場合は、調査した当時でも、一年たつとほとんど再婚してしまいます。けれど日本人の妻は、一年たっても誰も再婚しないで、多くの場合、死んだお父さんと子どもと、そのまま一生続くわけです。この違いが契約の社会と終身雇用のご縁の社会との違いでしょうか。

私は興味があって、この問題を再三調べているのですが、あるとき、死んだのではなく自動車事故とか高い所から落っこちたとかで脊髄損傷になって、リハビリテーション・センターに通っている夫をもつ三〇代、四〇代の妻、二〇人を追跡調査したことがあります。そうすると、夫がけがをして一〇年たっても、二〇人のうち離婚した人は一人しかいませんでした。

こういう話をしたら、日本人、少なくともわれわれ男性は、日本に生まれてよかったとつくづく思いますね。そういう意味では、ほんとうに日本は男性天国です。日本の妻たちはほんとうに優しいというか、お母さんですね。女性であるよりもお母さんです。どうしてかというと、この二〇人の妻たちはチャタレイ夫人になっているわけですから。つまり、もう一生夫婦生活ができないわけです。アメリカでしたら、夫と性生活ができなくなったら、だいたい一年で離婚するようです。自分たちは、そういう女としての幸せをちゃんと求めるからそれは当然のことで、離婚しないでそれ以上前の夫にくっついていたら、その人は逆に、「何か夫の年金とか傷病手当金を目当てにしていて、ほかに男でもつくりながら、悪い魂胆で離婚しないんだろう」とか、「財産をねらっているんだろう」とか言われてしまう。つまり、アメリカでは、まともな人だったら離婚するのがあたりまえなのです。これが日本だと、それまで仲のよかった夫が交通事故で半身不随になったからと一年で離婚なんていったら、おそらく「なんて人だろう」と、みんなに後ろ指をさされるでしょうね。

モーニングは深い心の営み

いまの話でおわかりのように、喪の心理（モーニング）というのはただの悲しみだけではなくて、愛する対象を失ったときに、その人がどのような心の営みを一年間続けていくかというその過程を総括してモーニングというのです。ですから、モーニングというのは、いろいろなものを失ったときに人間が出会う一つの体験の過程ということでもあるのです。

一〇年近く前に、アメリカの精神医学会で、アメリカの精神科の先生と日本の先生が、日本人の心理について討論しました。そこでアメリカの精神医学会の会長が、「日本人には、モーニング（mourning）という心の営みをほんとうには達成できないのではないか」というお話をされました。そのことは、第二次世界大戦中に犯した罪、つまり戦争責任に対してあまり深刻に考えないで、適当なところで水に流してしまうような姿勢とつながっているのではないか、というわけです。

参加した日本の精神科医はかなり困惑していました。水に流すことがとてもいいことだと思っている人たちが多いものですから、国際場面でそれを厳しく指摘されて困ってしまったのです。こういうことはしばしばあることで、たとえば私がロンドンの精神分析の大先生と散歩をしていて、「ここがマッカーサー司令部のあったところです」「僕は東京空襲のときに二度も火傷やけがをしました」などと言うと、「なぜあなたは、アメリカ人とニコニコして話ができるのですか」「あなたには仲のいいアメリカ人がたくさんいるようですが、アメリカ人に対する憎しみはないのですか」と尋ねられました。私は、「そんな感情は、戦争が終わったときにたくさんのメリケン粉を配給してもらってなくなってしまいました」と、そのようなことを言いました。そうすると相手は、「私は、ドイツによるロンドン空襲の怨みは絶対に忘れていない」と言うのです。

ロンドンに、精神分析の研修のメッカといわれるタビストック・センターというところがあります。ドイツからそこへ来た留学生は、半年ともたないそうです。なぜかというと、半年もいるあいだにロンドン空襲の怨みつらみが出てきて、もういたたまれなくなるのだそうです。あるいは、日本の留学生を教えるのはいやだという先生がいます。大英帝国の植民地シンガポールを奪ったとか、タイ―ビルマ間の鉄道工事で英国の捕虜を虐待したという話になって、興奮しすぎて勉強にならなくなってしまうこともあったといいます。たしかに彼らのこうした怨念の深さに比べると、日本人は気持ちの深いところに関するこだわりが軽いという気がします。そしてこの問題は、きょうのテーマでもある「悲しみといやし」にもかなり関係があるように思います。

生き別れと死別

この辺で一九六五年の話からもう少しあとの話をしたいと思います。私は精神分析の研究をしているうちに、「対象喪失とモーニング」というテーマを臨床的に研究するようになりました。

対象喪失の原因には、大きくいって二種類あります。一つは生き別れ、もう一つは死別の場合です。この喪失に伴って起こる心の悲しみのプロセスを、英語で「grief（グリーフ）」、あるいは「mourning（モーニング）」といいます。私はモーニングのほうを、対象を失ったプロセス全体を意味する言葉として使っています。グリーフは、どちらかというと失ったときの悲嘆や悲しみの感情状態を表す言葉として使っています。人によって微妙に使い方が違いますが、私の場合はそのように使い分けています。

モーニングというプロセスは、時間的な過程です。個人差はありますが、少なくとも一年、ときには二年、そういう段階が一つのプロセスとして続いていきます。対象喪失のうち、いちばん多いのは愛情や依存の対象を失うことですが、広い意味では、住み慣れた環境から引っ越したり、定年で退職したりと、目標や理想を失うことなども含めて、さまざまな喪失体験があります。

『禁じられた遊び』――子どもの対象喪失

みなさんの中で『禁じられた遊び』という映画を見たことがある方は手をあげてみてください。たくさんいらっしゃいますね。ありがとうございました。あの『禁じられた遊び』という映画は、まさに子どもにおける対象喪失とモーニングの典型的な映画なんです。どういう点が対象喪失かといいますと、主人公のポーレットという女の子は、四、五歳くらいでしょうか、お父さんとお母さんが空襲で死んでしまって、突然みなしごになってしまうんです。第二次世界大戦のときに、この対象喪失とモーニングの研究が心理学、精神医学でひじょうに急速な進歩を遂げました。つまりそれは、戦災孤児の研究でひじょうに広まったわけです。

ポーレットちゃんは、まさにその典型であって、近くの農家のミッシェルという男の子と出会って、その農家に拾われ、しばらく幸せな暮らしをします。そのあいだにお葬式ごっこをやるわけです。ほうぼうから十字架を集めてきて、まさにモーニングごっこをやる。恐ろしい話ですね。それで、最後には、またどこかの孤児院に入れられるので、そこを離れていくというお話です。

ですから、ポーレットちゃんは二度対象喪失を起こしているわけです。一度目は、ほんとうのお父さんお母さんを失い、二度目には、その頼みの里親になってくれた家とか、ミッシェルという自分を助けてくれた男の子と別れるというふうに。ですから映画は「ミッシェル、ミッシェル」と言いながらあとを追いかけていって、最後に「ママ、ママ」と言うところで終わっています。

動物の対象喪失

対象喪失による反応がこのように直接的に現れてくるのは、こうした子どもの場合のほかに動物の場合がそうです。

増井光子さんという獣医さんがいるのですが、彼女から聞いた話によると、動物園の動物というのはとても弱いそうですね。野生動物に比べて傷つきやすいんだそうです。つまり、動物園の動物というのは一種の拘禁状態にいます。アフリカの草原を走っているのと違って、檻の中に囲われてしまっているわけです。そういう場合、一緒に暮らしていた夫婦のつがいとか、子どもとか、仲間を失うと、対象喪失反応がひじょうに顕著に現れるそうです。聞いていると、ほんとうに涙なくしては聞けないようなお話です。

だいたい、動物園にいる動物というのは、ほとんどが心身症にかかっているそうです。小さいときから下痢をするとか、しょっちゅう毛が抜けるとか。それはどうしてかというと、たいていまだ早過ぎるうちにお母さんから引き離されて売られるからです。ゴリラなんかでも、どんなに早くても生後二歳くらいまではお母さんと一緒においてあげる必要があるんですが、それがだいたい一歳くらいになると引き離されて、ほかの動物園とか遠くに売られてしまう。そうすると、お母さんがいなくなってしまうから、しょっちゅう下痢をしたり、ものを食べなくなったり、みんな心身症みたいになってしまうんですね。

やはり増井さんから聞いた話ですが、あるゴリラのお母さんが子どもを三匹産んだんだそうです。その子どもを引き離そうと思っても、どうしても抵抗して手放さない。とうとう麻酔をかけたりして二匹は離したけれど、三匹目になったらもう警戒してたいへんだった。それでも何とか三匹目も引き離した。すると、とたんにうつ病になってしまったそうです。ゴリラのうつ病です。動物は、対象喪失を起こすとすぐうつ病になるんです。ものも食べないで、寝たきりになってしまった。だいたい眠りっぱなしで、食欲がなくなります。

この状態は、三〇年以上職場でがんばっていたお父さんが、六〇歳になって定年退職で突然家にいるようになって、ゴロゴロ寝るだけで何もしなくなってしまうのと同じことです。これも対象喪失ですから。増井先生はそのゴリラがかわいそうなので、人間に飲ませる抗うつ剤といううつ病の薬を飲ませて治療した、というようなお話でした。

いまのお話でもおわかりのように、対象喪失は必ずしも死別だけに限りません。死別もそうだし、生き別れも入ります。そういう意味で、同じ英語のモーニングも日本語の訳として、死別で対象を失ったときの悲しみについては、とくに「喪」という言葉を使っています。それに対して生き別れの場合には、一応区別して「悲哀」という言葉をあてています。

喪失感はとても主観的なもの

慶應大学の学生に対象喪失の講義をしましたときに、一九歳か二〇歳くらいの若い学生のみなさんに、「いままでの人生で大きな対象喪失として経験したことを三つくらい書いてください」というアンケートをとりました。

一九歳か二〇歳くらいですと、トップは失恋です。初恋はたいてい実らないものですから、二〇歳くらいまでですと、もっともな答えだと思います。

そして二番目に書かれているのが、おじいさんおばあさん、ペットとの死別です。ペットの死に出会うということは、子どもにとってひじょうに深刻な対象喪失体験になります。私も小さいころに、家に長年いた猫のレミイが死んだときにとても悲しい思いをした経験があります。上野動物園の園長をしていらした中川さんという方は、「だからこそペットを飼う意味がある。ただ可愛いからペットを飼うのではなく、病気になったり、年をとったり、死んでしまったりという悲しみを経験し、学習していく。ペットと一緒に暮らすことは、子どもにとってそのような意味がある」とおっしゃっていました。

三番目は進学で、希望していた学校に入れなかったというのがありました。慶應大学で、とお思いでしょうが、慶應の医学部にしか入れなかった（東大の医学部に入れなかった）といって、気力をなくして勉強しなくなる学生もいるのです。

対象喪失の対象はほんとうに主観的なものなのです。これを精神分析では「心的リアリティ」といいます。あるいは「主観的リアリティ」です。つまり、どういう意味がそこにくっついているのか、どういう価値が結びついているのか、これは本人の主観によるものです。失恋はその最たるものですし、進学の希望もそうでしょう。

ストレスの原因の多くは対象喪失

精神医学の研究では「ストレス」を扱います。どういう出来事がその人にとって大きなストレスをつくり出すかということについての研究です。よく、いろいろなノイローゼとか心身症とかで不安になったり、憂うつになったりする原因はストレスだ、というふうにいわれます。しかし、ストレスというものの内容をいろいろ研究しますと、その七〇パーセントから八〇パーセントはだいたい対象喪失です。いちばんストレスを起こす原因になっているのは、やっぱり配偶者の死であったり、それから肉親の死であったり、離婚であったり、失恋であったり、定年退職であったりするわけです。これらはみんな、いままで自分が頼りにしていた。あるいは一体になっていた対象を失う体験ですから。そういう意味では、対象喪失ということがストレスということと、ひじょうに深い関係をもっています。

ある学生にとっては慶應大学に入れば万々歳でストレスも解消しますが、ある学生にとっては、東大に入れなくて慶應で我慢しているとなれば、対象喪失となってストレスがたまります。同じ「慶應大学に入学する」という出来事でも、ストレスになる度合いは人によって違います。その違いを、「ストレス・バリュー」（stress value＝ストレスの値段）と表現しています。

二〇年以上前に、アメリカのボストンとニューヨーク、そして日本の仙台と広島で調査が行なわれたストレス・バリューの表（次頁）があります。

これを見ておわかりのように、人にとって最大のストレスは、配偶者との死別、離婚です。これがいちばん深刻なストレスをつくり出すようです。表の上位からもおわかりのように、ストレスをつくり出すほとんどの原因は対象喪失です。ですから、対象喪失の研究は同時に、ストレスの研究というふうにもとらえることができます。

とくに最近は、年齢が上になればなるほど長年一緒に暮らしていた配偶者の死は、残され

変化に適応するためのストレス（Holmes, T）

出　来　事	ストレス〔%〕
配偶者の死	100
離婚	73
配偶者との別れ	65
拘禁	63
親密な家族メンバーの死	63
怪我や病気	53
結婚	50
職を失うこと	47
引退	45
家族メンバーの健康上の変化	44
妊娠	40
性的な障害	39
新しい家族メンバーの獲得	39
職業上の再適応	39
経済上の変化	38
親密な友人の死	37
仕事・職業上の方針の変更	36
配偶者とのトラブル	35
借金が1万ドル以上に及ぶ	31
借金やローンのトラブル	30
仕事上の責任のトラブル	29
息子や娘が家を離れる	29
法律上のトラブル	29
特別な成功	28
妻が働きはじめるか、仕事をやめる	26
学校に行きはじめるか、仕事をやめる	26
生活条件の変化	25
個人的な習慣の変更	24
職場の上役（ボス）とのトラブル	23
労働時間や労働条件の変化	20
住居の変化	20

た配偶者にとってひじょうに深刻な喪失体験になり、ストレスをつくり出すということがいろいろな研究で証明されています。年をとって配偶者を失い、対象喪失によってうつ病のような状態になって、あとを追うように半年、一年で病気になって死んでいく、ということは

よくあることです。ですから、一説には、ほんとうに長生きしたかったら結婚しないほうがいい、といわれるくらいです。つまり、結婚しないでずっと一人でいると、自立している習慣が身につく。しかし、結婚してしまうとお互い相手に頼る習慣がついてしまう。依存関係が生じてしまうわけです。一対一の依存関係の中で一方を失ってしまうと、残されたほうはひじょうに弱くなってしまいます。そこで、あとを追うように亡くなる度合いが高くなるわけです。

配偶者を失うこと

対象喪失の研究において、国際的に行なわれたテーマが二つあります。一つはいま申し上げた配偶者を失った場合で、もう一つは子どもが親を失う場合です。この二つが精神医学の研究のいちばんの主題になっています。この研究は、とくにイギリスで進みました。その理由は、イギリスではファミリー・ドクター制度が進んでいるからです。イギリスは地域医療が進んでいて、一定の人口を一〇年も二〇年も特定の先生がフォローしていけるという仕組みがあるものですから、研究しやすかったという背景があります。

イギリスの研究では、配偶者を失った一方の人がその後まもなく死亡する比率が、両者が健康な場合に比べて七〇パーセント高いとか、四〇パーセント高いとか、信じられないくらいの値を示しています。そして亡くなる病気としては、心筋梗塞、心臓の病気がいちばん多いというのが、そのときのイギリスでの研究結果です。

パークスという研究者は、「昔からブロークンハートという言葉があるが、私はブロークンハート（悲しみ＝グリーフ）のときに、人間はほんとうに心臓が壊れて死んでしまうということを、科学的に証明した」と書いています。この研究の方法は、いまは心臓病だけでなく、がんをはじめひじょうに広い病気にあてはめられて進められています。

子どもが親を失うこと

もう一方の、子どもが親を失うという対象喪失ですが、これは、あの『禁じられた遊び』のポーレットのように、第二次世界大戦のときにイギリスだけでも空襲や戦死で親を失った子どもたちが約三〇万人出現したといわれています。ヨーロッパ全体としたらたいへんな数の子どもたちが親を失いました。そういった子どもたちを対象に、子どもにおける対象喪失の研究がなされたのです。とくに、母親を失った子どものいろいろな問題、これを「マターナル・ディプリベーション（maternal deprivation）」といいますが、母性的養育を失った子どもの運命の研究というのが大規模に行なわれたわけです。

あまりにも早く親を失った人で、しかも社会生活の適応がいいという人に、こういう人がいます。とても愛嬌がよくて可愛い子です。アメリカの先生は、こういう子どもたちのことを「アトラクティブ・スマイラー」と名づけています。〈アトラクティブ〉というのは、ひじょうに魅力的な、いつもニコニコしている子どもです。つまり、みなしごになって肉親がいないから、ひじょうに心細いわけです。しょっちゅう、みんなに可愛がってもらうことでしか生きていけないわけです。ですから施設の先生とか保母さんに、いつもニコニコ、ニコニコしていて、とても可愛い。

こういうアトラクティブ・スマイラーのみなしごのいちばん代表的で魅力的な人は誰だったかといいますと、それはマリリン・モンローです。マリリン・モンローは私生児でした。お父さんはいなくなってしまって、お母さんは精神科病院に入っていました。思春期までに十何回も里親が変わったんです。だから、あのマリリン・モンローのアトラクティブな魅力というのは、小さいときのみなしごとしての心細さが、ひじょうに魅力を感じさせるような彼女をつくり出したのでしょうね。これも対象喪失に対する一つの反応ですね。

ちなみに、いまロンドンに「アンナ・フロイト・センター」という、フロイトの末娘の名前を冠した、子どもたちの研究センターがありますが、数年前、そこに「マリリン・モンロー・センター」というのができました。私は若いころマリリン・モンローの熱心なファンでしたので、私に近しい施設である「アンナ・フロイト・センター」に「マリリン・モンロー・センター」ができて、とてもうれしく思っているのですが、なぜ「マリリン・モンロー・センター」ができたかというと、マリリン・モンローは晩年、精神分析を受けていました。自分がそういう苦労をして育ってきたために、自分の遺産を使って孤児たちの世話をするセンターを設立してほしいと願ったのです。

2. 対象喪失によって起こる心の反応

いままでの話は、対話喪失とかモーニングというのはだいたいどんなことか、ということをみなさんに共有していただくためのお話でした。この辺で、もうちょっと内面的な話、心理学的な話に入りたいと思います。

ほんとうの悲しみの感情に出会うことが大切

まず、対象喪失によっていちばん最初に起こってくるのは「情緒危機」という状態です。失った人のことを思って、寂しいとか、孤独になるとか、戻ってきてほしいとか、再生を望むとか、そういう深い心の営みを発揮するもう一つ前の段階の情緒反応です。むしろ、呆然自失としたり、目の前の衣食住を回復することに一所懸命になります。そのことに早ければ一か月、遅ければ何か月もかかります。

神戸の災害のときに、私の身近な精神科医、あるいは臨床心理士の人たちが、いろいろな病院から神戸に行きました。だいたい土曜・日曜はボランティアで、交代で一年くらい続け、そのときのいろいろな報告が私のところに入ってきました。それによって、ほんとうの悲しみや苦悩は、その年の夏過ぎ、秋ぐらいから本格的になるのではないかと私たちは予測していました。それまでは、とにかく目の前のことに精いっぱいの段階です。まだまだ心に目が向きません。ここのところはとても大切なことだと思います。つまり、モーニングする（＝悲しむ）という心の営みはとても内面的なことなので、衣食足りてゆとりがないと起こらないのです。

「衣食足って礼節を知る」という言葉がありますが、実は「衣食足って悲しみを知る」なのです。目前の喪失がどんどん起こっているときというのは、目の前の現実への適応に追われて、悲しみどころではありません。ですから、あまりに早く親を失ったり、孤児になったり、難民になったりした子どもたちは、悲しむことすらできません。悲しむ心、つまり心の痛みや孤独、失った人を思ったり、慕ったりするという気持ちはゆとりのあるときに進む心の営みなのです。ですからそうした営みは、それができるような一定の条件が必要なわけです。あまりにもひどい災害にあった場合や、幼い子どもが急に親を失ったときというのは、そこまでいく前の段階にいるのです。

少年だった私自身も、東京空襲のとき焼け野原の防空壕で暮らすような体験がありましたが、自分の住む家がなくなったり、それまでの暮らしが続けられなくなった喪失が実感されるようになったのは、戦争が終わって世の中が平和になり、空襲で焼けだされたものと焼け残ったものとの格差がはっきりしてきてからでしたね。

それだけに私たち精神科医の仕事の中で、悲しむ心を取り戻すまでのお世話というのが、とても大きな分野を占めます。おそらく社会福祉のお仕事、ソーシャルワークの仕事の場合にもその部分が大きな仕事になっているのではないかと思います。

強制収容所に入れられたユダヤ人の場合などでも、「悲しむ」というよりは、ほとんど呆然自失としていたり、我を忘れていたり、無我夢中の状態であの異常な現場の体験が過ぎていったようです。そのときの本人の主観というのは、現実が現実として感じられない、これはむずかしい言葉でいいますと「疎隔感」といいますが、いちばんひどいときは自分が自分であるという実感さえもなくなってしまいます。心を失ってしまったような状態、機械やロボットのような状態に落ち込むのです。それからだんだんと感情というものが回復してきて、はじめて「悲しむ」という心の状態が戻ってきます。

もう一つ大切なことは、悲しむという心の状態をもつためには、助ける人が必要だということです。つまり、誰かがその悲しみを聞いてくれる、苦労を聞いてくれる、怖い体験を聞いてくれる。そうすると人間らしい感情がだんだん呼び戻されて、語れるようになってきます。ですから、喪失体験を聞いてあげる人がいることで、悲しむことができるようになってゆくのです。

被災地での臨床心理、精神科医のいちばん大きな仕事は、そのような仕事だろうと思います。「どうして僕ばかり……家が壊れて、職も失って、家族も死んで、どうしてこんなことになってしまったんだ」――そういう気持ちをこちらがくり返し聞いているうちに、その人はほんとうの悲しみの感情というものと出会うことができるようになってきます。それをサポートするのです。そしてそのために、ある一定の環境条件を整えていくことが、とても大切な仕事になります。

悲しみのプロセス――四つの段階

ボールビーは、乳幼児における悲哀のプロセスとして、いまお話しした「情報危機」「抗議・否認」「絶望・断念」「離脱」という四つの段階をあげています。抗議・否認というのは、自分が対象を失ったことを納得しないで無視してしまったり、あたかも失った対象がそのまま存在しているかのように否認したままの心の状態でずっと暮らしていく精神状態をいいます。

たとえば、妻を失った高齢のおじいさんが妻がいたときとまったく同じ状態、具体的には家具の配置などを妻が生きていたときと同じようにしたままで暮らす、などです。この場合、妻は物理的にはいないのですが、彼の心の中には存在していて、ほんとうにいなくなったということを認めていないのです。ボールビーの観察に、母親を失って孤児院に入った子どもがかなりの長い期間、毎日毎日孤児院の門に向かってじっと座って待っているというのがあります。つまり、いつかはおかあさんが戻ってきて、自分を迎えにきてくれるという気持ちが、いつまでたっても続いているような状態です。

「喪失」ということを臨床の仕事に当てはめていえば、がん告知の問題などがそうです。たとえば慶應病院で率直な告知をして、「あなたの場合、転移もあるし、一年くらいでどんどん進むでしょう。そのときの覚悟はしておかれたほうがよいでしょう」と言った先生がいたとします。そうしますと、告知された方は、まず慶應病院の先生の言うことをそのまま受け入れてあきらめてしまう、というようにはなかなかなれないものです。本人の場合でも家族の場合でもそうです。そうすると、「慶應の先生はもしかしたら間違えているかもしれない。肺がんだと言っているけれど、結核の間違いかもしれない。がんセンターならもっと専門的だからがんセンターに行こう」とか、「慶應病院ではもう効く薬がないと言っていたけれど、東大病院だったら新しい薬があるかもしれない」などと迷います。

否認してなかなかほんとうのことを受け入れられない時期は、一定の期間続きます。これが、「抗議・否認」の時期です。これはどんなときでも起こります。どんな喪失体験についても、とりあえずこの時期にかなり根気よくつき合ってあげることが、私たちのもっとも大切な仕事になります。そのようなとき、迷っていろんな病院に行くのも、ごくごくやむを得ないことではないかというように思います。

そしてある段階にきて、ほんとうに納得して自分の喪失を受け入れるというとき、つまり「断念」をするときに、ひじょうに深刻なうつ状態に落ち込むことがあります。うつ状態に落ち込むというとよくないことのようですが、われわれ精神科医は、人間がうつになることをひじょうに高く評価しています。悲しんだり、うつになれる人というのは正気の状態、目が覚めている状態にあるのです。それに比べると躁状態というのは、たいていの場合、現実から逃げている。あるいは真実を隠して、いいことだけを見て解釈し、心が高ぶっている状態です。

神戸の災害にあわれた方の中にもそういった方がおられて、最初の二週間くらいは躁状態になった人がずいぶん多かったようです。私の少年時代の空襲経験でも軽い躁状態になりました。空襲体験そのものを面白がったり、奇妙に高ぶった精神状態になったのを覚えています。それは、ほんとうの意味での喪失や恐怖を「否認」（＝ディナイアル）する人間の心のメカニズムなのです。しかし、どうにもならない喪失や現実に出会ったときに、うつになるのはしかたないことです。うつをけっして避けないで、その中に自分の心を置くことに耐えることで、はじめてほんとうの意味での新しいものがそこから再生したり、生まれ変わったりする道が開けるのです。

最後に、失ったことから「離脱」して、次の対象世界を求めることになります。このプロセスが、ボールビーがあきらかにした「モーニングのプロセス」です。このモーニングの四段階説は世界的に広く普及している考えで、死の臨床などの理解のもっとも基本的な枠組みになっています。

対象喪失の体験を聞きとる

それでは、対象喪失とモーニングについてのこうした認識を踏まえて、ここで実際のカウンセリングの実践におけるお話を少しいたしましょう。

もし、みなさんがカウンセリングをなさっていてクライエントが相談に来られたときには、まず第一に、その人の人生における対象喪失の歴史を聞くということが最初でしょうね。たとえば、小さいときお父さんお母さんがどうかしちゃったとか、亡くなったとすれば、いつ、何歳でどういうときに亡くなったのですかと聞く。それから、若い男女であれば、失恋とか、愛する人を失ったとか。それがもう少し中年になると、夫とうまくいかないで離婚を考えているとか。それから、中高年の男性であれば、長年勤めていた会社のこと、定年とか、転職とか、出向とか、そういう対象喪失の問題がずうっとライフサイクルの各段階であります。

それから、もう少しお年を召された方、年をとる、老いること自体が、ある意味ではひじょうに深刻な対象喪失を意味することがあります。なぜかというと、自分が愛している対象というのは、それは夫である場合もあれば、子どもである場合もありますけれども、もっとも愛している対象というのは自分です。ですから、自分を失うことについてのモーニング、悲しみというのもある。老いということの過程では、モーニングがひじょうに深く関係してきます。

六〇歳前後くらいの年齢になりますと、よくこういうことがあります。男性はあまりそういう話をしませんが、私の妻なんかと話していると、だれだれさんのご主人は髪の毛を黒く染めているとか、それから白髪があまりない若い印象の人を見て、あの人は染めているんだろうか、どうだろうとか、いや、あの人は染めないほうがいいだとか。

それはどういうことかといいますと、このあいだも、私と妻である映画を見に行きました。映画館に行ったら、切符を売る売り子さんが、「もし六〇歳以上でしたら（一五〇〇円が）一〇〇〇円になります」と言われたんです。「何か身分証明書が必要ですか」と妻がたずねたら、その若い売り子さんは「見ればわかります」と答えたのです。そのときショックを受けて、ちょっとがっかりしました。「ああ、やっぱり、もうそう見えるんだね」なんて二人で話しました。安くてうれしいより、まだ六〇歳そこそこでシルバーシートに座るのはいやだという気持ちがあるでしょ。だけど、やっぱり鏡を見るたびにだんだん若さを失っていく。年をとることで若い自分を失っていくわけですよね。これは男女ともにあると思います。ですから、鏡を見るというのは、なかなかデリケートな問題を含んでいます。

世の中は、もう対象喪失だらけですから、対象喪失がその人にどんなふうに起こっているかということを聞くのが、まずカウンセリングのときにクライエントを理解するひじょうに大きなテーマになるわけです。

その場合に、誰が見てもわかるようなライフイベントというのがあります。ライフイベントというのは、人生上重要な出来事ですね。たとえば、お父さんお母さんが死んでしまうとか、それからいま言っているように急死するとか、定年退職するとか、病気で入院をするとか、あるいは離婚するとか、これは目に見える対象喪失の体験です。それがどんな状況で、どんな体験だったかということを聞くことが一つあります。

幻滅体験——内面的な対象喪失

もう一つ大切なことは、もっと内面的な対象喪失を聞きとるということです。人間の対象喪失の中には、先ほどいいましたような誰が見てもわかるような外面的なものと、もう一つもっと内面的なものとがあります。一回や二回のカウンセリングでこうした深い内面的な対象喪失の話にまでたどりつくことは無理かと思います。

内面的な対象喪失というのはどういうことかといいますと、人間には自分を愛する「自己愛」と、対象を愛する「対象愛」とがあります。いずれにしても、愛情がお互いに満たされていると思っていることで心が幸せになる、というような部分があります。

ところが、夫婦でいうと、夫ないし妻をほんとうに素晴らしいと思ったり、好きだと思ったり、尊敬したりしていたのに、それが突然幻滅に変わるときがあるわけです。その幻滅するときに対象喪失が起こる。ですから、結婚生活などというのは、そういう意味で幻滅による対象喪失の連続であるといえます（笑）。ただし、それをまた何かで取り戻すんですね。幻滅を復旧する愛情がまた新たに生まれて、それのくり返しである。だから、一回や二回対象喪失したからといってさっさと別れるようでは、とても夫婦や親子の仲は続かないですよね。

ですが、その場合にどういう内面的な対象喪失が起こっているかということをよく知ることが、夫婦とか人間関係においてはとても重要です。これはべつに夫婦にかぎりません。師弟関係でも、お弟子さんが先生を尊敬していたのに先生に幻滅を感じれば、やっぱり対象喪失は起こるわけです。ですから、内面的な対象喪失ということは、多くの場合、ある種の幻滅する体験、英語でいうとディスイリュージョンの体験ということです。

理想化が大きければ幻滅も大きい

このディスイリュージョンにはひじょうにむずかしい問題があります。たとえば私なんかでも、直接会わないでマスメディアによってつくられたイメージとか、本を読んだだけでファンになってくださる方がいらっしゃるんですが、そういうのを「理想化」といいます。

こういう人と直接会うのがいいのか悪いのかひじょうにむずかしいですね（笑）。会わないでいればその理想化がずうっと続くのに、なまじっか実物に会ってしまうと「ああ、なんだ」ということになってしまう。がっかりして、幻滅してしまうということがよくあります。映画スターとかはみんなそうじゃないでしょうか。だから、心の中に思い描いているある人物に対するイメージと、実物というのは必ずしも一致しないんです。

恋愛なんていうのは、昔からいわれているように、この人が自分の理想の恋人であるとか、夫であるとかいうイメージと実物が同じだという錯覚に陥ったときに、結婚したり愛情交流をもったりする。それから先生に対して「ああ、この人は偉いなぁ」なんて感動したときというのは、やっぱり自分の理想の先生と実物が同じだというふうに思えたときなわけです。そう思えたときというのは、しばしばそこでその人の人生を大きく決めることがあります。

次々に幻滅をくり返して白けっぱなしでいたら、一生何にもできないかもしれない。最近の一部の若者のように、何ものも理想化しないし、何ものも本気で好きにならないし、何ものにも夢中にならないというと、これは無気力症ということになってしまいます。

ただ、むずかしいのは、何かに夢中になるときというのは、ある種の錯覚をもっているわけで、錯覚をもたなかったら何もできないわけですが、一所懸命になるということは、その分だけ幻滅したときの心の痛手とか苦痛は大きくなるわけです。それがあんまり大きいとたいへんなことになります。つまり、「私をだましていたのね」とか、「先生だと思って尊敬してたら、何だ、結局は僕のことを利用してただけじゃないか」とか、「ほんとうに素晴らしい上役だと思って一所懸命頑張っていたのに、最後にどうしてそんな冷たい仕打ちをするのか」とか、こういうことになる恐れがあるわけです。そういう対象喪失というのが、心の中ではひじょうに深刻に起こるんです。

『風と共に去りぬ』——対象喪失の映画

この中で、『風と共に去りぬ』という映画をごらんになった方、ちょっと手をあげてみてください。たくさんいらっしゃいますね。あの「風と共に去りぬ」という映画のテーマをよく考えてみてください。『風と共に去りぬ（*Gone with the Wind*）』——あれはまさに、対象喪失の映画なんです。すべての愛する人が風と共に去っていってしまう、ということなんです。全部去っていってしまっても、私にはタラの大地があるから一人で頑張りましょう、というようなことになるわけです。

ちょっと場面を思い出していただくと、主人公はスカーレット・オハラという女性です。彼女はアシュレイという男の人が好きだったんです。ところが、そのアシュレイはメラニーという自分のいとこと結婚することになる。そこで、まずスカーレットはある種の対象喪失を起こします。これは、外的な対象喪失です。

たとえば、スカーレットさんがみなさんのクライエントになって「私の相手が誰もいなくなって、私はとても孤独です」と言って相談に来たとします。聞いてみると、まず最初に「アシュレイが結婚してしまいました」という話はすぐするだろうと思います。ところが、スカーレットはひじょうに自己愛が強くて、うぬぼれの強い気の強い女性ですから、「アシュレイは一時の気の迷いでメラニーと結婚したんだけれど、ほんとうは私のほうが好きなんだ」というふうにずっと思っているんです。これは先ほどお話しした「否認」ですね。

みなさんの中にも、こういう方がいらっしゃるかもしれませんね。「ほんとうに私が好きな人はあの人だけど、あの人は別な人と結婚してしまった。だけど、それは世の中のいろいろな行き違いで、ほんとうはいまでも私のことを思ってくれているだろう」と。『風と共に去りぬ』では、結局スカーレットは、自分はほんとうはそんなに好きじゃないんだけれど、相手が自分のことをうんと好きになってくれていると思うレッド・バトラーと結婚します。

映画の最後の一〇分間はどういう場面かといいますと、メラニーが亡くなるシーンです。それこそモーニングの場面です。メラニーが死にそうになったとたんに、スカーレットは、頭の中で「ああ、これでアシュレイは自分のものになる」「自分のところへ戻ってくる」ということを思うんです。そこで、妻を失いそうになって泣いているアシュレイに、「あなた、ほんとうは私のことが好きだったんでしょ」と口説きはじめるわけです。ところがアシュレイは、メラニーが死を迎えて嘆き悲しんでいて、とてもスカーレットどころではない。その嘆き悲しむアシュレイを見ていて、スカーレットもようやく「ああ、アシュレイはやっぱりメラニーのことが好きで、私のことが好きだったんじゃないんだ」ということがわかるんですね。

そこで「あなたは、ほんとうは私のことが好きじゃなかったのね。すると私は、何十年ものあいだ、幻を愛していたんだわ」というスカーレットの有名な台詞があります。だけど、そもそも人間の恋愛なんていうのは、多くの場合、幻を愛しているわけですよね（笑）。スカーレットには、それが幻だったということが、その瞬間にわかるんです。だからそのとき、スカーレットはアシュレイをほんとうに失うわけです。

ところがそのアシュレイと自分の妻のスカーレットとのやりとりを夫のレッド・バトラーが見ているわけです。それまではレッド・バトラーも「俺のことを嫌いだなんて言ってたって、夫婦で一緒にいれば、結局、最後には俺のことを好きになるさ」と思っていたのにもかかわらず、スカーレットがあんまり一所懸命にアシュレイを口説いているのを見て、「ああ、この人はやっぱり自分よりもアシュレイが好きだったんだなぁ」と思って、スカーレットを失ってしまうんですね。そして、スカーレットとの離婚を決意して去っていくわけです。これも内的な対象喪失ですね。

ところがスカーレットは、アシュレイが駄目だとわかったとたんに「あっ、私にはまだレッド・バトラーがいる」と思って、彼のあとを追います。ところが、レッド・バトラーは「もう遅い。僕はもう君のことをすっかりあきらめた。君に絶望してしまったんだ」と言って去ってしまう。

ですからスカーレットは、いとこのメラニーを死によって失い、アシュレイを幻滅によって失い、夫のレッド・バトラーを離婚によって失って、愛する人が誰もいなくなってしまう。これはまさに対象喪失そのもののお話です。しかし最後に、その悲しみに打ち勝って一人で頑張りましょうというあの雄々しいラスト・シーンが、みんなの共感を呼ぶんでしょうね。

ですから、みなさんがクライエントと話をするときには、いまのような細かいお話、たとえば、どういう人とどういうやりとりがあって、どういう気持ちでいて、何を失ったかということ、その人の幻とか錯覚とか幻想の世界をよく聞いてあげないと、ほんとうにその人が何を失ったのかわからないでしょうね。そういう世界に立ち入っていかないと、ほんとうの心理学的に深いカウンセリングをやっていくことは、むずかしいだろうと思います。これが二つめのテーマです。

3. 喪の仕事《モーニング・ワーク》——否定的な感情とどうかかわるか

三つめに行きましょう。ここからのテーマは、罪とか、償いとか、怨みとか、悔やみとか、そういう心の話です。どちらかというと、いままでは対象喪失の対象にあたる人とは、仲よく愛し合ったり、頼ったり頼りしているということで話をしていましたが、実際には、人間関係で愛情だけの関係なんていうのはないんですよね。ほとんどの関係が愛と憎しみが交錯する関係です。それは、親子でも夫婦でも、近くなればなるほどそうです。どの親子も夫婦も、だいたい適当な距離のところで、傷つけるのもほどほどにしながら愛し合ってやっている、というのが現実ですよね。そんなに素晴らしいバラ色みたいな親子や夫婦がいるわけではありません。

罪の意識

ここからは、ちょっとしんどい話になりますが、私たちが臨床上よく経験していることですけれど、むしろ相手が死んだりした場合に、その死んだことに対してひじょうに深刻な罪の意識を感じたり、恐怖心とか、罪悪感をもつようなことがあります。

キューブラー＝ロスという先生がおられます。彼女は「死の臨床」の専門家として高名ですが、出発点は精神分析学者でした。つまり、ボールビーの四段階説に立脚して仕事を始めたのです。そこでキューブラー＝ロスは、「抗議・否認」の段階から「絶望・断念」の段階に向かう途中に「取り引き」という段階を加えています。これはわれわれ死の臨床にかかわっている医者にとって、たいへんリアリティのある研究だと思います。「離脱」する前のいろいろな心のプロセス、「絶望」「断念」「抗議」「否認」、このあたりで起こってくるのが、「悔やみと償い」「仇討ち心理」などです。このような気持ちがモーニングの過程で起こってきます。

フロイトは恐ろしいことを言っています。「生きている人というものは、死んでいる人に対して、必ず『自分はまだ生きているぞ』と自分の生を確認して満足し、死者に対する優越感を経験するものである」と。ということは同時に、生きている人というのは、死んだ人に対してどんな相手であっても、必ず自分が生きているということに対する罪の意識を経験するものである。つまり、誰かが死んだときには、人間は必ず「ああ、自分でなくってよかった」と思う。戦争の場合なんかはもっと深刻になるでしょうね。自分が生き残って相手が死んだということの罪の意識というのはすごく深刻なものがあります。これが、強制収容所なんかの場合は、ほんとうに深刻そのものです。自分が生きた分だけ、誰かが死んでいく。それが、現実に起こるわけですから。

こうした罪の意識や悔やみの気持ちは、医療現場でも起こります。ナースとかお医者さんはほんとうにたいへんです。死の臨床なんていうと格好がいいように思いますが、そこに起こってくるのは、一人ひとりの患者さんに対するモーニングです。その中でいちばん大きいのが、罪の意識とか悔やみです。それが積み重なっていく。たとえば「あのときに自分がこういう処置をしておいたら助かったんじゃないのか」とか、「あのときに、こういうふうに人に会わせてあげればよかった」とかいう、悔やみの気持ちが必ず起こってきます。これがとてもたいへんなんですよ。ですから、医者が集まって話すことというのは、こういう話が多いんですね。何というか、愚痴の言い合いみたいなことがひじょうに多い。これを処理しないと、普通の心になれないのです。

私はあるとき、自殺をした学生さんの葬儀委員長を頼まれてやったことがあります。私をとても尊敬していたということで、ご両親に頼まれて、ご焼香に来る人のそばに座っていたんです。そのときにひじょうにびっくりしたのは、「申しわけない」とか「すまない」というふうに涙を流して言う人がすごくたくさんいたことです。自殺のときは、とくにそうなんですね。

それはどういうことかといいますと、「ああ、君が生きているあいだに、ああしておいてあげたらよかった」とか、「あの朝、僕が電話をしていれば、こんなことにならなかっただろうに」とか、「僕があのときお母さんにこういう話をしておいたら、お母さんがもしかしたら君を止めることができたかもしれないのに」とか、そんなことを言う人が一〇人も二〇人も出てくるんです。そういう気持ちが、このモーニングの中ではひじょうに深刻な気持ちとして起こってくる。

仇討ちの心理

こうした罪の意識や悔やみの気持ちのほかに、たとえば人を怨む気持ちだとか、「私が相手を失うのは誰それが悪いせいだ」などといったように、悪者をつくってその悪者に仕返しをするとか、この怨念の渦巻く世界が、私たち臨床家としては、日常的におつき合いしている世界です。

ちょっと例をあげましょう。患者さんで、四〇代の主婦の方でした。ノイローゼだったのですが、咳が出るので気管支炎かもしれないということで、某病院の内科の先生に診てもらいました。やはり、気管支炎でしょうということでした。ところが一時的にすっかりよくなってしまったのです。そしたら、半年くらいあとに背骨が痛いと言い出したんです。今度は整形外科で診てもらいましたら、背骨にがんの転移が見られるというのです。入院していろいろ検査をしたら、咳の原因は胸膜にがんがあるためだとわかりました。それで背骨か胸膜か、どちらががんの発生もとなのかと調べたら、「彼女は乳がんです」と言うわけです。乳がんから始まって、胸膜と背骨に転移したのです。それだけ転移があったらもう一年はもたない。「半年ぐらいの命でしょう」と内科で診断されました。

ご主人は、妻が深刻な状態になったということで、まさに喪失体験が始まりました。このようなときの悲しみ（＝モーニング）を「予期によるモーニング」といいます。つまり、妻があと半年で亡くなると見通したときから、すでに対象喪失が始まるわけです。本人の場合でも同じです。

このように、失ってから始まるモーニングと、失う前から起こるモーニングがあります。このご主人はある大学の先生でしたけれども、最初はすごくその病院のことをお怒りになりました。私もその病院の内科の先生に対して内心怒りを覚えました。そしてご主人は、その病院を訴えることにしました。これは、妻の死を受け入れるときに、その病院に対して妻の仇を討つ、これが果たされればご主人の気持ちが少しは楽になる、という心理的な構図です。そうすれば、妻の死が受け入れられる。「誰それが悪い、そいつを叩け。そうすれば、死んでいく人も少しは楽になる」というわけです。

弔い合戦とか、訴訟、死の臨床などの世界はけっして神聖なものだけではなくて、現実にはこういったひじょうに生々しい人間の憎しみや怨みが渦巻く話なのです。

「取り引き」の心理

そんなわけで、内科の最初に診察した先生が訴えられることになりました。ところがその病院の顧問弁護士は、「裁判をしたら患者さんが負けます」と言うのです。乳がんは本人が「触診してください」と言わないかぎり、触診しないということになっているというのです。内科で受診する女性患者全員の胸をさわっていたら問題になってしまうでしょう。乳房の触診は本人の申告がないかぎり、やらなくても医療過誤にはならないとのことなのです。

結局、裁判は負けるということで訴えは起こさなかったのですが、病院に対する怨みは消えません。そんなとき私が病院に行きましたら、夫婦で泣いていらっしゃるんですね。夫が妻に、あともう半年もたないということを告げたそうです。どうやったら気持ちがすむのだろうかということでいろいろ相談したのですが、奥さんは「死ぬ前に飼い猫と過ごしたい」とおっしゃいました。その奥さんは、そのころもう寝ていても胸に水がたまって呼吸の妨げになるものですから、ベッドに上半身起きた状態でいらっしゃいました。しかし、その病院の院長と相談して、自動車を二台使って酸素ボンベなどの医療機器と看護婦もついて家に帰られました。そして愛猫と一晩過ごされたわけです。

このことは、精神面にものすごく効果がありました。その病院に対する怨みも和らいで、ご自身も死を受け入れる気持ちになられたようです。それから二か月間は、ひじょうに穏やかな精神状態になられて、いろいろな話をしました。死を受け入れるモーニングというテーマも話し合えて、最後はとても安らかにお亡くなりになりました。これが、先ほどのキューブラー＝ロスが唱えた「取り引き」の心理です。

「死なせてしまった」という悔やみ

残された者にとって深刻なのは「死なせてしまった」という思いです。一つ別な例をお話ししましょう。やはり四〇代の主婦の方で、ノイローゼで私のところに受診して来られました。

夫は民放関係の部長さんでした。あるとき奥さんは、夫婦生活が一年あまりないことに気づかれました。そして、夫は一年間何をやっていたのだろうと疑惑を抱き、ひそかに探索しました。そしたら案の定、当直とか出張と称して愛人と会っていたというのです。奥さんは烈火のように怒って、愛人と夫を別れさせました。すると数か月して、夫がうつ病のような状態になってしまいました。夫の診療所の所長さんが、「君も気の毒に。中年の生きがいを失ってしまってうつ病になってしまったんだろう」ということで抗うつ剤を処方してあげていました。しかし、そのうちにお酒が弱くなったり倒れたりするので、どうも変だということになって、某病院の外科で診察をしたら肝臓がんでした。

手術をしましたが、一か月くらいで亡くなりました。そのときの奥さんの気持ちというものがひじょうに気の毒でした。「私が嫉妬に駆られて夫の生きがいを奪ってしまった」というわけです。妻としてはしかたなかったろうと思うのですが、夫と愛人を別れさせてしまって対象喪失をつくってしまったことが死につながった、自分が悪かったんだと、すっかり落ち込んで、自分を責めて、ほんとうにたいへんでした。

しかし、その後どうなったかというと、しばらくして元気になられて「診療所の所長を訴えることにしました」と言うんです。最終的には訴えませんでしたが、「あの所長が数か月早く某病院に紹介していたら、こんなことにはならなかった。うつ病だとか、男の友情だとか、変なことを言っていたからこんなことになった」というわけです。悪玉をつくることで、なんとか自分の気持ちを整理しようとされたのですね。人間というのは、自分の罪の意識や悔やみの気持ちに耐えかねると、こんなふうに「仇討ち心理」になるのです。

もっとひどい例をお話ししましょう。

その夫は、愛人をつくって妻を悩ませていました。そのことがきっかけで妻はうつ病になり、入院中に病棟で首つり自殺をとげてしまいました。病院の側からするとどうにも防ぎきれない事故だったというのですが、その夫はみんなが見守る前で遺体にとりすがって泣き叫んだり、葬儀の席でも自分がどんなに妻を愛していたかを訴えました。そして妻をあんな不幸な目にあわせた病院を許せないと訴えたのです。病院のスタッフの側からみると、何を言っているんだ、あの夫は。自分がさんざん妻を苦しめて自殺に追いやったようなものじゃないか、という気持ちです。でも、この種のケースは意外に多いのです。自分が生前妻に与えた仕打ちについて、内心はすごい罪の意識を抱いたのだと思いますが、自分を責める気持ちが高まると、それに耐えられなくなって、責任転嫁をはかる心理が働きます。

時期遅れの悲哀

次に、「時期遅れの悲哀」ということについて少しお話ししましょう。

これは、あるときに経験した対象喪失の悲しみを、ほんとうに悲しむという作業を心が達成しないまま棚上げしていたために、それがある年代になったときに現れてくるもので、中年に多い現象です。

若者のころは、親離れ、自立といって、親から離れていくことがいいことだと思っています。そして、生まれてからずっと親の世話になってきたにもかかわらず、親に対して感謝の気持ちをもつよりも「うるさい」とか、「わずらわしい」などと言って親を見捨てて外に出ていく。しかし、自分もだんだんと年をとってくる。そうするとはじめて親に対する悔やみや感謝の気持ちを味わうようになるわけです。自分が若いときに親を見捨てたとか、親を裏切ったということについて自責の気持ちが高まってくるのです。そういうときにちょうど、親が病気になったり、亡くなるというようなことが起こって、自分を責める心理や悲しみが一挙に湧き起こってくる。そしてそれが、中年期の大きなテーマになります。このころになって、若いころに親を見捨てた、失ったことについてのモーニングをたどり直す人が多いのです。

私の義姉はアメリカのコネチカットで暮らしていますが、そこに行って面白いと思ったのは、みなさん、もともと日本の女性で国際結婚してかなり上流階級の奥さんになっている方々なのに、ほとんどの方が真光教や創価学会など、日本のいろいろな宗教集団のネットワークに必ずといっていいくらい入っています。聞いてみると、みなさん、母国に残した親に対する一種のご供養というか、モーニングの気持ちをもってらっしゃいます。国際結婚などで離れているときのほうが、かえってそういう気持ちが深刻になるのでしょうか。このような問題は、「時期遅れの悲哀」、あとになって起こってくる悲しみの問題です。

命日反応《アニバーサリー・リアクション》

ひじょうに印象的な心の体験に、「命日反応」があります。命日反応は、じつにドラマチックに起こるので、私もときどき驚きます。たとえば、親の一周忌のときに、親についての思い出が再現してきて心の状態が悪くなったり、発作が起こったりするのです。まさに、昔でいうと「幽霊が出た」という話です。ほんとうにそういうことがあるのです。

こういう例がありました。ある有名な音楽家の方ですが、彼女は自分には音楽の仕事があるといって、子どもの世話をお姑さんにお願いしていました。そういったことが原因で、嫁と姑の仲がだんだん深刻になりました。そして、お姑さんがお年を召して八〇代後半でお亡くなりになり、お姑さんの初七日の晩に形見分けなどをしたあとで、一人で自分の部屋に戻ってみたら、お姑さんの亡霊を見たというのです。聞いてみると、亡霊を見て恐ろしくなって、そこで半分気を失ったような発作が起こってしまった。お姑さんが介護を必要とするような状態、少しぼけてきたときに、家族から切り離して、離れに住まわせ、食事などを運んでいたのだそうです。ですが、お姑さんは家族と一家団らんしたかったのでしょう。彼女が見たお姑さんの亡霊は、離れの食卓に寂しそうに座っている後ろ姿だったそうです。お姑さんが生きているときに自分がした仕打ちの冷たさが悔やまれて、そんな心理状態になったときに亡霊が出てきたというわけです。

話を聞いていると、お姑さんとのあいだにいさかいがあったということが綿々と語られました。それで、お姑さんに対する心の和解のようなものが成立したのでしょう。これがモーニングです。この心の過程は、仏教ふうにいうと「これで仏さまも成仏しますよ」ということになります。

ところがこの話はそれで終わりませんでした。お姑さんが亡くなって一年たった一周忌のときに、例のお姑さんが暮らしていた離れに息子さん夫婦が引っ越してきました。すると、彼女は本来気が強いので、息子のお嫁さんとまた嫁と姑の争いが起こりました。息子の嫁というのがまた気の強い人で、その音楽家の先生はこんどはやりこめられてしまった。そこではっと気がついたら、その日はお姑さんの一周忌でした。お姑さんのことを思い出して、あと一〇年もして自分が病気で倒れたら、息子の嫁から自分が姑を扱ったのと同じ待遇を受けるのではないかしらと思うと、お姑さんのことが妙に懐かしく思えました。するとまた、お姑さんの幽霊が出てきたのです。そして発作を起こして倒れてしまった。

このような反応を「命日反応」といいます。ある種の宗教団体だったら、「これはお姑さんが成仏していないのだから、庭の隅に〇〇の木を植えて、教団にお布施しなさい。そして祈りなさい」ということになってしまうのかもしれません。彼女は、このお姑さんに対する悔やみの気持ちを整理して、その後元気になりました。

亡くなった人との和解――喪の仕事

幽霊は、だいたいこういう亡き人の恐ろしいイメージが視覚化されたり、体現化したものです。

お寺でお経をあげて亡霊のたたりを防ぐというのはどういうことかというと、死後のモーニングをきちんとしなければならないということです。たとえばこの先生の場合、姑に行なっていたひどい仕打ちであるとか、ああ厄介だとか邪魔だとか思った気持ちを一つひとつ思い出して、償いの気持ちを味わいながら心の中で姑と仲直りをして、姑にほんとうに成仏していただけるような気持ちになるまでカウンセリングをする。このような心の営みを、喪の仕事《モーニング・ワーク》（mourning work）というのです。

これを、なぜわざわざ「ワーク」という言葉で呼ぶかというと、これは一種の心の作業だからです。人間というのは、別れたり死んだりした人とのあいだでは、それぞれその対象（object）とかかわっていたころの愛と憎しみ、それから罪とか、償いとか、悔やみとか、そういう気持ちをもう一度一つひとつ整理して、その失った対象と和解する。そういう心境にならないと、心は安らかになりません。

成仏するというのは、死んだ人が成仏するということなんですけれど、心理学的には、私たちの心の中にいる亡くなった方に成仏していただくためには、まず、私たちの心の中がそういうモーニング・ワークを営むことなのです。

モーニングができるように導く

おそらく仏教は、このモーニング・ワークの心理をひじょうに長いあいだ追求してきておられるんだろうと思います。私のほうは心理学のほうからお話ししていますけれども、仏教の中にはこういう経験と体験、それから儀式、修行、そういうものがたくさん積み重なっているんだろうと思います。そういう意味では、カウンセリングというのはひじょうに現代的で心理学的なものですけれど、このモーニング・ワークに、精神分析と仏教が出会う場があるんじゃないかと思っています。

ノーマルな人というのは、自分の力でこのモーニングをある程度営むことができます。宗教的な儀式だけではなくて、小説を読むこともその一つだろうし、芝居を見ることもその一つだろうし、自分でそういう文化をいろいろ使ってモーニングを進めていく能力をもっているのです。

ところが少し心の弱い人、それからあまりにも苦労して悲しむ能力を身につけるゆとりがなかった人は、誰かの支えがないとこのモーニングができない場合があります。ですから、モーニングができるような心の状態にその相手を支え導いてあげるということが、カウンセラーとしてはひじょうに大切な仕事だし、この役割がおそらく宗教家にも共通したテーマだろうと思います。自分で自分の心の中のそういう問題をよく見つめて、いろんなことを回想したり、語ったりする。ですから、これはキリスト教にもあるわけで、それは懺悔とか告悔とかそういう心の営みになるでしょう。いずれにせよ、宗教家のお仕事にもモーニング・ワークを営めるようなそういう心境になれるようにしてあげるということが大切だと思いますが、これがなかなかそういう心境になれない人が多いんですよね。

臨床家の役割

ここでのテーマは「悲しみといやし」ということですが、それはまとめていいますと、臨床家が話を聞いたり、相談にのったり、心の援助をしたりすることで、なんらかのかたちで悲しみのプロセスをそれなりに共にすることができるようになることだと思います。

きょう例にあげてお話ししたみなさんもそうです。悲しむ心の能力には一定の環境条件、それから、誰が悲しみを共にしてくださるか、という悲しみを共にする人の存在があるかないかということが、とても重要な意味をもっているのです。

人生にはいろいろな悲しみの体験があります。思春期のとき、中年になって、年老いたときと、ライフサイクルのそれぞれの段階にそれぞれのモーニングの課題があります。

「いやし」というテーマについて考えてみるときに、われわれ精神分析家は、たとえつらくても、半年、一年とモーニングの道をたどっていくうちに、やがてそれぞれの失ったことの現実を受け入れ、その意味を悟るという体験を当事者がもてるようになるのを知っています。それがモーニングの過程であり、「心のいやし」につながるのだと考えて、日ごろの臨床の仕事を行なっています。

現代文明は、どちらかというと「躁的な文明」で、われわれはこんなふうに心の中でモーニングに入っていくよりは、つい目に見える刺激に逃避してしまう。この心理を、専門用語では「躁的防衛」といいます。それは騒々しい、あるいは見せかけの快楽とか楽しみとか、忙しさとか、そういう心の外の眼前の何かに心を向けて、その中に逃避することで、心の痛みや悲しみに直面するのを避けてしまう、そういう心の状態をいいます。文明批評的にいうと、現代は「躁的防衛の時代」とでもいったらいいでしょうか、そういう面がありますね。

この気分の代表は、居間のニュース番組でない番組のアナウンサーやタレント司会者たち、それにCMの特有な雰囲気でしょうか。いっしょに出演してみるとよくわかるのですが、何か高調子でテンポが早くてどこかおちゃらけたような、すべてをコケにするような特有な調子がありますよね。

この躁的防衛の手段としてよく使われるのは、すぐに失ったものの代理を見つけるとか、やっぱりお酒を飲むとか、仕事に没頭するとかでしょう。最近しばしば出会うのは、心の痛みに弱い人たちですね。好きな相手を失うと、そのことを悲しむより、すぐにかわりの人を見つけて傷つかないようにする。そういうことで、心の中でほんとうにモーニングを深めていくことを避けてしまう。

そういう意味では、モーニングを経験している途上では、人間はある程度憂うつになったり、心の中に苦痛や、悲しみの気持ちや、あるいは罪の意識をもつというか、苦しむという経過をたどることになりますけれども、むしろそういう苦痛にある程度耐えても喪や悲哀のワークを達成していく能力をそなえている人が、ほんとうはいちばん心の健康な人です。傷つきも悲しみも何もなくて、ただいつも楽しい楽しいで生きている人が健康だというふうなことではけっしてありません。もしそうであれば、楽しくなるお薬だけ飲めばよいので、カウンセリングなんか必要はなくなってしまうわけです。

きょうのお話が、そういう意味でみなさんのカウンセリングの実践にお役に立てればと思います。

Ⅶ

引きこもりの時代——シゾイド人間のゆくえ

インターネットや携帯電話を介した犯罪がマスメディアに登場する時代になった。その背景には、眼前の身近な人と人とのかかわりが稀薄になり、それぞれが、これらの通信システムを介して現場から離れた誰かとつながり、そのつながりのほうが頼りになるとか、もっと親密だという幻想を抱くようになった動向があげられる。フロイトは、人と人のあいだには愛だけではなく、常に憎しみを伴うこと、この愛と憎しみの相剋（アンビバレンス）に耐えることができないと人とのかかわりをもつことができない事実を指摘したが、まさに現代の人びとはこの耐久力が大幅に低下している。

そして、私のいう「1・5のかかわり」、つまり、半分機械で半分人間的な、高度な応答性をそなえたテレビゲームやゲームボーイとのかかわりのほうが、すべて思うとおりになり、しかも、いやになったら、スイッチをオフにすればよいという気楽さがある。そのような「1・5のかかわり」を好むようになった。二〇年前に私が提起した、この心性をもつシゾイド人間が、もはやごく普通の人間像になってしまった。本章ではそのあいだの経緯をお話しする。

いまや、かかわり方としては1・5なのだが、さらにその先に、一応は匿名でどこの誰かわからないけれど、とにかく生身の人間が応答するインターネットのかかわりが広がりはじめた。この動向が私たちの心にどんな変化をもたらすのか。この問題意識を抱きながら、本章をお読みいただければ幸いである。

1．シゾイド人間とは

小此木です。きょうのテーマは「引きこもりの時代」となっていますが、いちばんお話ししてほしいのは、「シゾイド人間のゆくえ」ということのようです。シゾイド人間といっても、いったい何のことをいっているのかと、ちょっと身近でない方もいらっしゃると思いますので、まずそのご説明から始めたいと思います。

人間には、精神医学、精神分析でいうところの「シゾイド」というタイプがあります。英語でいうと「スキゾイド（schizoid）」ですね。どういう人をいうかといいますと、ひじょうに内向的、つまり自分の興味関心が自分の心の中のことにある。主観的で、空想とか幻想とかの中に閉じこもりやすい人で、人間関係があまり濃厚でない。ですからこのタイプの人は、学者とか芸術家に多いといわれています。私なんかも、けっこう奥の奥はスキゾイド的な部分があるようで、人と一緒にしゃべったり飲んだりしているよりは、一人で考えたり、ものを読んだり、テレビを見たりしているほうが、ほんとうは好きなんじゃないかと思われるふしがあります。そういう傾向がスキゾイド的な傾向です。

あるOLの恋愛妄想

では、臨床的にはどんな人がスキゾイドな人かといいますと、たとえばこういう人です。ある銀行のOLさんですが、春に入社しまして秋までは比較的普通に勤めていらっしゃいました。外から見て、トラブルもなければ、人間関係も問題がない、仕事もちゃんとやってらした。そんなころ、秋になって、職場の運動会がありました。その運動会のあとから、突然ひじょうに精神状態が悪くなって、うつ病のように落ちこんでしまったんですね。精神衛生の相談をして、どうして急にそんなふうになったのかということが、だんだんわかってきました。

職場で、その女性が仕事をしているところからちょっとはなれたところに、独身の若い青年がおりましてね、かりにX君としておきましょう。彼女はそのX君のことが、入社してしばらくしてから好きになったんですね。普通の性格の人だったら、人を好きになったらそばに寄ってみたり、「この仕事ちょっと手伝ってくれませんか」とか、あるいは「帰りにお茶でも」とか言って、相手にどのくらい自分に対する気持ちがあるか打診しますよね。そこがスキゾイドの人ですからそういうことをしないで、自分の主観の中で空想してしまう。頭の中でその人のことが好きになって、そのうちに、相手もきっと自分が好きに違いないと思い込んでしまったわけです。心の中でそう思い込んでいるだけで、現実性はあまりありません。しかし、そのことが彼女にとっては、お勤めに出る心の支えになっていました。毎日会社に行くと恋人がいるわけですからね。このような方が、シゾイドというタイプの人です。

　そして運動会のときに、たまたま職場が同じですから一緒に受付をやったり、賞品の世話をしたりして、彼女は一日彼のそばで働いたわけです。さすがの彼女も、そこではじめて彼が自分に対して何の愛情も関心ももっていないことに気づきました。それですっかり気持ちが落ちこんでうつ状態になってしまったというわけです。回復するのにだいぶ時間がかかりました。

　けれどもこの人は、精神医学的にいって、そんなに深刻ではないんです。自分が思いを寄せている彼に直接会ってみたら、その人に、自分に対する気持ちがないことがわかってガッカリするんですから。つまり現実認識がちゃんとあるわけです。性格的には、こういうタイプの人ってけっこういるんですよね。ある人のことが好きになって日記に連綿と書きつらねているけれど、あんまりそれを告白したりはしないという人ですね。

精神病における妄想

　それでは、精神医学的にいってほんとうにおかしい人というのは、どういう人のことをいうんでしょうか。

　私が精神科医になってまもなく勤めたある病院に、「原天皇」という天皇陛下がいました。「原天」さんは、自分が天皇陛下だと思い込んでいるわけですから、私なんかがその病棟に勤務しますと、ちゃんと辞令をくれるんですよね。勉強家に見えたんでしょうか、私は文部大臣にしてもらいました（笑）。いろんな美人な看護婦さんが来ると、〝何とかの局《つぼね》〟とかいって、みんな二号さんにさせられちゃうんですよね。ところがその原天皇は、ひじょうに清潔好きな人で、いつも廊下の雑巾がけとか、トイレの掃除とかをやっていました。私なんかまだ若いお医者さんでしたから、ちょっとからかうわけですよ。「なんで天皇陛下が便所掃除しなくちゃならないの？」とか言ってね。そうすると先輩に「君、うっかりそんなこと言ったらたいへんだよ。彼は、いままでにそうやって問いつめた人に、何度も暴力事件を起こしているんだから。あくまでも天皇陛下として接しなきゃいけない」と言われました。

こういうのが「妄想」といわれるものです。妄想をもっている人は、どんなにこちらが「あなたが考えていることは、現実と違いますよ」と言っても認めません。ひじょうに矛盾してるんだけど、原天さんの天皇陛下であるという思い込みは、ずっと続いているわけです。こうなると、これは「統合失調症」という病気であって、先ほどの「スキゾイド・パーソナリティー」といったような人格的な問題ではありません。

現代人の心の中のシゾイド性

さっきのＯＬさんのような場合の「スキゾイド」というのは、一人の人の、個人的な性格をいっているわけです。ところが、私がいった「シゾイド人間」というのは、もう少しそれを広い視野からみて、現代人の心を考えたものです。つまり、一見すると現代人というのは、陽性で調子がよくて社交的で、みんなとワーワーやっているんだけれども、案外、心の中にはこの「スキゾイド／シゾイド」といわれる心性と共通したものが広がっているんだということを指摘したのが、私のシゾイド人間論なんです。

シゾイドの人というのは、客観的に目の前で起こっていることよりも、自分の主観的な現実のほうが優先するタイプの人です。先ほどのＯＬさんじゃありませんが、自分の中で〝あの人好き〟と思っている気持ちのほうが、客観的に彼が自分を好きかどうかということよりも優先するんですね。しかし、いまの人たちを見ていますと、案外この傾向というのを、みんなもっていますね。たとえば毎日テレビで出会っているニュースキャスターのお兄さんとか、マスメディアでおなじみの誰かが結婚するとか別れたとかいうと大騒ぎするのに、同じ職場やすぐ近くの誰かさんが結婚しているのか独身なのかにはあまり関心がない、という生活をしている人が意外に多いと思いませんか？　それはやっぱり、メディアと自分だけの主観的な現実のほうが、客観的人間関係よりもずっと比重が重くなっているということです。こういう現代人のマスメディアとつながった主観性というか、内向性というものを考えるときに、わりあいいまのようなものが共通して見えるかな、という気がします。

人間関係の稀薄さ

それからシゾイドの人は社交性がなくて、人間関係が非常に稀薄で、これを〝引きこもり型〟といいます。ほんとうの意味で人と人の関係にあまり深く入っていかないんですね。最近の若い世代の中に、こうした人が微妙に増えてきているように思います。これがうんと病的な形になりますと、たとえば登校拒否になるようなお子さんの中に、こういうことを言う子がいます。学校に行って授業を聞いているときはまだいい。一定の枠にはまって、おとなの先生対生徒という役割が決まっていて勉強しているときはいいんだけれど、休み時間、つまり同じ世代、同じクラスの友だち同士がギャーギャー、ワーワーふざけたりさわいだりする中にいるのがいやだ、と。濃厚な感情のやりとりが起こるような場面がすごく苦手で、それが怖くてだんだん学校に行かなくなる。最近は、これが中学・高校とずっとありまして、私たちがお世話する人たちの中に、大検コース型の学生さんというのが少しずつ増えています。大検コースの人たちというのは、要するに中学・高校はあんまり行かないで、テレビやビデオなんかで通信教育を受けて、そして、頭はいいんです。勉強して大学生になると、大学生というのはみんなある意味でシゾイド的ですから、もうあまり人間関係を濃厚にもたなくてもやっていける。しょっちゅうそばにいて友だち同士のようだから、その友だちにちょっと連絡してくれと言っても、意外とその友だちがどこに住んでいるのかも電話番号とかもわからないということがあります。同じ教室にいるからなんとなく親しそうな顔をしているけれど、それ以上親しい人間関係をもたないで、その場その場を過ごす。大学はそれでつとまりますからね。そういうところだったら気楽に安住していられるという。これもある意味ではシゾイド心理です。

都会の人間関係――匿名性の魅力

昔、デビッド・リースマンという人が「群衆の中の孤独」ということを言いましたけれど、今はまさにその群衆の中の孤独こそが、いちばん心地よいといいます。東京にいますと、このシゾイド的な心性というのが濃厚にありまして、電車に乗っていても、隣りの人がどうしていようがこうしていようがお互いにまったく関心がなくて、ほんとうにピッタリすぐ隣りに人が座っているのによくもあんなに無関心でいられると思うくらいですよね。私も電車に乗ると、やっぱり座ったとたんに新聞を読むか本を読んで、いっさい隣りには関心を向けませんね。東京が居心地いいというのは、まさにそのこと、まったく人間関係をもたないですむというその匿名性のゆえでしょう。

長く東京の大学におられたある先生が、地方の大学に転勤になったときに「どうもあそこは住みにくい。どこに行っても〝〇〇先生が来た〟といって、すぐ話題になってしまう」とこぼしていました。東京に暮らしつけると、これがとてもしんどいことになるんですね。東京だったら、大学を一歩出ればどこに行こうがいっさい無名者、ゼロになってしまいますか思うんですね。こういうのが、現代人のシゾイド的心性としてはすごく魅力的でもあるんじゃないかと思うんですね。

家族のシゾイド化——ホテル家族

そういう意味では、人間関係がもたないというか、もてないという傾向がどんどん広がっているように思います。たとえばよく家族のことが話題になりますが、現代家族を特徴づけるものとして、私が命名した「ホテル家族」という言葉があります。この「ホテル家族」という言葉は、けっこう流行語的に使われるんですけれど、要するに、一応同じ家に暮らしているんだけれど、ホテルの宿泊者同士のように、寝る時間も、起きる時間も、食事の時間もバラバラで、お互いにコミュニケーションをとるためには、伝言板かなんかで〝きょうは何時に帰る〟とか書いてやるしかなく、ほとんど顔を合わせることもないし、意思の疎通もあまりない、だけどそれが問題であるというよりは、むしろそのほうが気楽で居心地がよいというような、そういう家族のあり方を言っています。

このあいだ大学で学生さんたちに小学校・中学校のころの体験を聞いたんですが、驚いたことに、八〇～九〇パーセント、ほとんどの人が、小学校ぐらいから塾とか、水泳教室とか音楽教室とかに行っていたといいます。とにかく、学校が終わるとみんなまた別のものに行くんですよね。学校が終わって、ただ家でブラブラしてるなんて子は、まずいないみたいです。それでみんな帰りが遅くなって、夕食も両親と一緒にしない。お父さんの帰りも遅い、お母さんもいろいろボランティアとかお勉強とか社交に忙しい。結局家族といっても、お互いに家族だという主観的な思い込みはあるんだけれど、現実の家族関係というのはとても稀薄になっていて、いわば家族の人間関係もシゾイド化してきているということがいえるようです。

同調的引きこもり――人と深くかかわらない

そういう意味でみると現代人というのは、さっきお話ししたシゾイド（スキゾイド）・パーソナリティーといったような特別な人格の傾向というよりは、もうちょっと社会心理学的にみて、シゾイド心理というものをみんなが共有するようになってきているといえると思います。そんなことはない、いまの若者はけっこう調子がよくて社交的で、みんなワイワイと人間関係をもっているじゃないの、という反論があるんですけれど、これも私がつくった言葉ですが、たぶん「同調的引きこもり」という言葉がピッタリあてはまると思います。同調的引きこもりというのは、みんなに調子を合わせることでみんなから引きこもっている、みんなとつき合わないですませているというシゾイド心理です。これが現代人、とくに現代の日本人のいちばん本質的な心理ではないかと思います。お互いに人と人との関係を無難に調子よくやっていけば、あまり深い関係にならないですむということです。

　みなさんも、ご夫婦のあいだとか親子のあいだでのことを考えてみられると、そういうことがあると思うんですね。たとえば私の講演をときどき妻も一緒に聞くことがあるんですが、「ここはこうしたらどう」とか「ああいうのはどうかしら」とか言ったときに、「ふんふん、いいね」と言っていれば、それですみますよね。ところがそこで「いや、ちょっと待って。それは違うよ」と言うと、「どうして」ということになって、なぜ僕はきみと意見が違うか、という話をしなきゃならなくなりますよね。この、話しあって意見を一致させるとか、情緒的に交流しあうときに使うエネルギーというのは相当なものですから、忙しくてこれはたいへんだと思ったときには、「ふんふん、いいね、いいね」ってやっているほうが楽なんです。これが、同調的引きこもりです。

　会議のときなんかでも、もしあんまりたくさんの役職を与えられないで好きなことをしていたいなら、できるだけおとなしくしていることですね。みんなが何か意見を言ったときには「はいはい」と賛成する。これはつまり、同調して引きこもっていることなんです。そこで、これは絶対に意見があるぞって手をあげて言ったりすると、「じゃ、あなたそのプロジェクトを担当してください」ということになって、仕事が増えて深くかかわらないといけなくなります。だから、いつも自分中心に気楽に暮らそうと思えば、同調的引きこもりがいいということになる。こうした同調的引きこもり型の心性というのは、実にいろいろなところにあります。だから若者が調子がいいというのは、ほんとうの意味で人と深くかかわらないですませるために調子よくやっているということです。これがシゾイド人間の特徴です。

2．シゾイド人間の変遷

いまから二〇年以上前に私が「シゾイド人間」ということを言ったとき、いちばんの特質はまさにいま申し上げたようなことだったと思うんですね。きょうのテーマは「シゾイド人間のゆくえ」ということですから、その後こういったシゾイド人間像がどんなふうな変遷をとげているか、あるいは私がその後そのことについてどういうことを考えたか、ということをお話しすることにいたします。

それについては、いくつかのテーマがあります。一つは、やはりメディア情報社会になって、新しいメディアによるかかわりというのがいろいろと人間の世界に生まれてきました。そしておそらく、私が言っていたシゾイド人間のある傾向をもっと助長拡大してきているだろうと思うんですね。ですから、その部分のお話が一つできるんじゃないかと思います。

それからもう一つは、シゾイド人間というのは現代人の心を一つの心として考えた場合、どちらかというと消極的な面を表しているんですが、それを裏側からみますと、それ以後私が展開した自己愛人間というものにひじょうに一致する。シゾイドにとっていちばん大事なのは何かというと、結局は自分しかない。自分がいちばん大事、可愛いということがその中核にあるんじゃないか、つまり人間が自分についてもっている自己愛の問題というのが現代人にとって一つの大きなテーマとしてあると思うわけです。シゾイド人間のもう一つ裏側からみた自己愛人間論。メディアとのかかわりの問題と、この自己愛人間の問題を、きょうはさらにお話ししようと思います。

メディア情報社会とシゾイド人間――１・５の関係

そこで、まず第一番目のメディアとのかかわりについて少しお話ししたいと思います。私が書いた本で『１・５の時代』という本があります。私はいろんなキャッチフレーズのようなものを思いつくことがあって、けっこうそれが流行語になったりします。いままでいちばんヒットしたのは「モラトリアム人間」という言葉で、これは本もたくさん売れました。あんまりうまくいかなかったものもあって、この「１・５」というのは、うまくいかなかったほうの言葉です。ですが定義としてはけっこう価値をもっていると思いますので使わせていただきますけれども、ひと言でいうと「１・５の時代」とか「１・５のかかわり」というのは、私たちとファミコンであるとか、ビデオであるとか、テレビであるとか、ファックスであるとか、携帯電話であるとか、そういうものを介してのいろんな人間関係、あるいはそういうものとの関係を表現しようとしたものです。

精神分析では、人間関係のことを数値で表す習慣がありまして、たとえば「あなた」と

「私」という一対一の人間関係を二者関係、一、二、三の「二」の関係として表します。だから夫婦とか一対一の親子とか、あなたと私の関係は二者関係であります。これに対して複数の、お父さん、お母さん、子どもというような三人の関係を三者関係というふうにいいます。三者関係はもう小集団のモデルでありまして、ここから先は集団になっていきます。

二者関係タイプと三者関係タイプ

人間には二者関係向きの人と三者関係向きの人とがいる、というのはどうも確かなようです。必ずしも、三者関係の人が上で二者関係の人が下とかそういうことじゃなくて、やっぱりタイプがあると思うんです。おそらく私はどちらかというと二者関係タイプじゃないかなと思います。たぶん、二者関係をたくさん積み重ねて人間関係をつくっているタイプじゃないかと思うんです。もともと生まれが、年のはなれた姉さんがいてあとは私がいただけですから、母親といると、母親と自分だけの世界というのにすっと入りこんでしまうんですね。つまり、一対一の〝お母さんと僕の世界〟がすべてであるかのように思うタイプなんです。

二者関係の人というのは、割合こういうタイプの人が多いようです。だから一対一の関係では、ひじょうにきめが細やかで、自分を例にあげながらなので言いにくいですけれど、愛情が細やかで、繊細で、一対一の交流がとてもいいんじゃないかと思うんですね。ですからこのタイプの人は、恋人とか夫には向いていると思います。ところが二者関係の人は、三者関係には不向きです。

私のお弟子さんに、男性ばかり四人兄弟の長男という人がいます。こういう人は、まさに三者関係向きなんですね。つまり、自分の好きな女性が現れれば、そこには必ずその女性を奪いとろうとするほかの男性が現れる。あるいはお母さんが好きだったら、お母さんは自分のお母さんであるだけじゃなくて、お父さんの妻でもあるし、ほかの兄弟たちのお母さんでもある。「なんだ、そんなにお母さん、お母さんと言ったって、俺がいるんだぞ」って、ボーンと放り出されるというふうな心の傷を何度も受ける。こういうのが三者関係の世界です。

私などはこういうのに弱くて、小さいときに「へぇ、お母さんには僕以外にお父さんっていう好きな人がもう一人いたのか。おかしいなぁ」という具合いに認識が進んでいくようなところがあったんですけれど、三者関係の人というのは、最初からお父さん、お母さん、自分がいる。きょうだいは三者関係の中に入りますよね。先ほどの彼の場合はこうです。目の前におやつがあると、まずとっさに誰かに食べられたらたいへんだと思ってガーッと取って食べてしまう。そのかわり彼がちょっとおとなのときは、お兄ちゃんだからちゃんとおやつを確保しておいて、それを四等分してみんなで食べましょうとなる。三者関係の人はこういう社会性が発達するわけです。ですから三者関係の人のほうが、学校に行けば学級委員をやったり、会社に行けば人望のある管理者になりやすいわけです。私のような二者関係の人は、やっぱりそういうことよりも自分の好きなことをやっているほうが向いているのかもしれません。こういうふうに、人間には二者関係タイプと三者関係タイプというのがあるようです。

一者関係——空想ファンタジーの世界

実はさらに、一者関係というのもあるんです。一者関係というのは自分だけの世界のことをいいます。あるいは、自分と自分の関係をいいます。活字文化の世界というのは、ある程度、一者関係の世界だといってもいいでしょう。映画とかビデオとかいう世界が出現する前の世界ですね。一者の世界というのは一人でいろんなことを頭の中に空想する。その空想の中でいろいろな自分の世界をもつ。夢もまぁその世界でしょうか。夢というのは実は、いろいろな人とのコミュニケーションの要素をもっているんですけれど、一応、一者の世界ということにしておきましょう。

実例をあげますと、私は中学生くらいのときにトルストイの『戦争と平和』を一時愛読したことがあります。戦争中、防空壕の中に岩波文庫とか大事な本をいろいろ入れておいて、空襲で家が焼けたあと、それを一所懸命読んでいたんですが、その中の一冊が『戦争と平和』でした。モスクワもナポレオンにやられて燃えましたが、「疎開したりなんかして東京に似ているなぁ」なんて思って読んでいた記憶があります。そして思春期の少年としては、あそこに出てくるナターシャという女性に一種の恋心をいだいたわけです。会ったことはもちろんないわけですから、最初現れたときのひじょうに美しい姿とか、誘惑されて駆け落ちしてから、傷ついた彼女がまたどんなふうに魅力的な女性になっていったのかを空想するんです。いろいろなナターシャを空想しました。ですが、これは完全に私一人の心の中の世界のことです。昔のお坊さんなんていうのはきっと、みんな仏様だとか阿弥陀様だとかにものすごい空想をしたんでしょうね。それが仏像になったりしている。仏像になると、もう単なる一者の世界を超えてくるんですけれどね。

錯覚とイリュージョン

戦争が終わってしばらくしたら、ロシア映画でもハリウッド映画でも『戦争と平和』が登場しました。アメリカの映画では、ナターシャはオードリー・ヘップバーンがやりましたが、あまりイメージが合わなかったですね。ロシア映画のほうがまだ合っていたような気がします。つまり、私の頭の中にあるナターシャのイメージが、オードリー・ヘップバーンとちょっと合わなかった。合う方もあるかもしれません。こういう心のあり方というのが、空想ファンタジーの世界を中心にした一者の世界です。これは、どちらかというと古典的な一人の世界の話ですね。活字文化の世界の話です。ところが現代のわれわれはどうかといいますと、たとえば『戦争と平和』という小説を読まないで、いきなり映画やビデオでオードリー・ヘップバーンに出会って、ナターシャとはオードリー・ヘップバーンだと思ったところから始まる、ということです。

ところが最初からナターシャ＝（イコール）オードリー・ヘップバーンというイメージが入りこんでしまうと、もうそれからぬけられなくなって、どっちがどっちかわからなくなってしまう。ナターシャ＝オードリー・ヘップバーン、こういうイメージをもつ現象を精神分析では錯覚（イリュージョン）といいます。ちょっとむずかしいですけれど、イリュージョンとファンタジーとは違います。ファンタジーというのは、一人で空想しているナターシャ・イメージのことです。これに対して錯覚というのは、オードリー・ヘップバーンのイメージがそのままナターシャだと思い込んでしまうことです。たとえば映画に出てきたオードリー・ヘップバーンという人がナターシャその人だと思ってしまう。だから、映像も何もないところで空想しているファンタジーとは違いますね。

いまのいわゆるメディア時代というのは、空想をする段階というのが非常に少なくなって、子どもが心を体験するときも、いわばいきなりオードリーがナターシャになって出てきて、「これがナターシャよ」という形でものを経験するようになってきました。ですから現代は「錯覚の時代」といったらよろしいでしょうか、そういう特徴があるようです。

それでは最初に取りあげたＯＬの人の場合はどうだったかといいますと、やっぱりあれは単なる空想だけではなくイリュージョンであったわけです。自分がＸ君を好きになって、Ｘ

君も自分を好きだろうと思っている。つまりX君は彼女に恋人として錯覚されていたわけです。かなり空想度の高い、でも、錯覚ですね。実際の人生においては、空想か錯覚かの区別はとても大事です。

イマジナリー・ハズバンドとイマジナリー・ワイフ

私は結婚式の祝辞を頼まれたときに、よくこう言うことがあります。人間は誰でも心の中に素晴らしい「私の妻」とか、「私の夫」というイメージをもっています。乳幼児の研究で、〝私はこんな赤ちゃんが欲しい〟というのを「イマジナリー・ベビィ」というんですが、それにならうと「イマジナリー・ハズバンド」とか「イマジナリー・ワイフ」というのをもっている。〝この人と結婚しよう〟と思うときは、少なくともしばらくのあいだは、自分の中のイマジナリー・ハズバンド、イマジナリー・ワイフと相手が一致していると思ったときだと思うんです。結婚するときにさえこの錯覚がもてないというのは、ちょっとどうでしょうね。

ですから結婚というのは、二人の夫と二人の妻とがそれぞれ結婚するわけです。一人は目の前の太郎さん、花子さんという夫または妻、もう一人は、私の理想の夫、理想の妻です。この二人が一緒だと思うときに結婚する。「少なくとも結婚式のこの日にはそう思っているでしょうね」と言うわけです。ですが実際に結婚生活を送っているうちに、必ずくい違いが起こってきます。ですから結婚というのは、ある意味ではまさに幻滅の連続という部分がある。しかし、そこで次のまた新しい夢を再建して、だんだんとほんとうの関係になってゆくことこそ結婚生活の素晴らしいところだと思う、といったお話をするわけです。

そういった視点から現代の1・5の関係というものをみるとき、二者関係や三者関係の軋轢を乗り越えていくときに、本物のいい人間関係がもてるのに、1・5の関係ではその軋轢を経験することがなくなってしまうので、それ以上の成長・発展も起こらない。このあたりを現代の子どもたちにメディア社会が及ぼす影響としてとらえなければなりません。

現実世界からヴァーチャル世界へ

ところがいまわれわれは、一人でいるときもつねにテレビとかビデオとかファミコンとか、そういうものと組み合わさったところで暮らすようになっています。完全に一人だけの心の世界の中にいるということが、ほとんどなくなってしまいました。テレビとかファミコンとかは、ひじょうに高度の応答性をそなえているところに特徴があります。つまり人間の心に対して、人間そのものないしは同等、ないしはそれ以上の一定の適切な応答性を発揮するような能力をもっています。たとえばファミコンひとつでも、実際の子どもと遊ぶのと同等またはそれ以上に面白く遊ばせてくれたり、人間と将棋をするのと同等ないしはそれ以上に興奮して将棋ができるような相手をしてくれます。同じことがテレビやビデオにもいえます。

つまり、実際の実物の人間関係よりも、より刺激的でより魅力的な世界が、メディアとの関係の中でどんどん肥大してしまいました。

では、どうしてこうした世界のことを「1・5」と呼ぶかというと、つまり一対一の人間関係の場合、対象を数字で表すと、1＋1＝2の関係になります。それに対してこうしたメディアマシーン、あるいはそこからいろいろ伝わってくるものは、人間と同じような心理的な機能をもちながら、あくまでも機械ですから人間ではありません。そこでこれを、半分人間半分機械という意味で0・5で表して、1＋0.5＝1.5で1・5の関係と呼んだわけです。

でも、この言葉がなぜ流行らないかおわかりでしょ？　つまり「1・5」が何をいっているのかわかるのに、これだけ説明がないと駄目なんですね（笑）。こういうふうに説明しないとピンとこない言葉というのは絶対に普及しないですね。でも、これだけ時間があれば1・5がどういう意味かというのはだんだんおわかりいただけると思います。

現代は1・5の時代

現代人というのは、実際の二者関係、三者関係、あるいは一人だけの空想の関係よりも、1・5の関係のほうが優勢になってしまっているように思います。心のあり方が、しだいにそれなしではやっていけないようになってきている。たとえばファミコン少年を考えた場合でも、実際の人間関係でお友だちと遊ぼうとすれば、お友だちは遊んでくれるときもあれば、

「いまは勉強したいからいやだよ」と断られるときもあるでしょう。相手が遊びたくないときに一度遊んでもらったら、今度は自分も、そのときはファミコンをやりたくても、我慢してお友だちと遊ばなければならないこともあるでしょう。つまり人間関係というのは、そこにギブ・アンド・テイクがあったり、意見の不一致があったり、争いがあったり、いやなことを我慢したり、努力をしたり、苦労をしたりするのを耐えて、はじめていい関係がもてるという部分がありますね。ですから二者関係、三者関係というのは、それを乗り越えることができるかできないかで、いい関係がもてるかどうかが左右されます。

新しいシゾイドタイプの増加

ところが最近、われわれは快楽原則というか、不愉快なことや、苦痛はできるだけ避けて、もっと楽しいこと、心地よいことだけをやっていこうという気持ちがひじょうに増大していますね。そうすると、本物の友だちと我慢してつき合うよりは、ファミコンと遊んでいるほうがずっと楽で満足度も高いというような、そういう心の状態が起こりやすい。ですから現代の子どもたちをみていると、１・５の世界の中でのシゾイド的な傾向、つまり現実の人間関係というのはどんどん減っていって、といっても完全に一人の空想の中にいるわけではなく、ファミコンとかビデオとかメディアと一緒の世界の中にいる。ですから客観的にみるとやっぱりシゾイド的なんですけれど、本人の心の中は、決して空虚でも孤独でもなくてひじょうに充実している。そういうメディア・システムと密接につながったところで暮らしているという意味でのシゾイド、つまり新しいシゾイドタイプがどんどん優勢になってきているように思います。そしてそれはたぶん、シゾイド人間論の一つの展開としては、いろいろな問題があるように思いますね。

メディアが人間関係を変える

かつて宮崎某という人が、幼女誘拐殺人事件というのを起こしました。ご存知のように、あの人の場合、ホラー映画とか、倒錯ビデオの見すぎで、結局、生きている幼女をビデオの中の対象のように経験してしまって、ビデオを地でいって本物の幼女との間で実行して殺害してしまった。しかしシゾイド人間というのは、けっして彼のように狂ったり、冒頭にお話しした〝原天皇〟のように目がさめないというわけではありません。そこまでいくとこれはたいへんで、狂気になってしまいます。

普通のシゾイド人間は、一方ではそういうビデオの世界やファミコンの世界におぼれていて、たしかに人間関係は稀薄になるんですけれど、だからといって、メディアの世界が実際の人間関係よりも圧倒的になって、現実感が逆転してしまうというところまで来ることは、精神医学的にみるとないわけです。そこまで狂ってしまったらたいへんなことになりますが、いくらこういう世界が広がっていっても、そこまでみんなが狂うことはない。つまり、その世界で遊んでいても、学校の試験があればやっぱり勉強をするし、目の前の現実の人間関係に戻ることもできるという範囲で、普通は行ったり来たりします。しかし、それがほんとうに一歩ひっくり返ったら、たいへんな問題が起きるという面はたしかにあります。そういう意味で、メディアとの関係におけるシゾイド人間の問題というのは、これからもっと、もっと広がっていくでしょうね。それが人間関係の互いの距離というものを著しく変容させていきます。

マスメディアを通した現実世界

少し例をあげてみましょう。古い例で申し訳ありませんが、昔、慶應病院に石原裕次郎という俳優さんが入院しました。そのとき、なんだか妙に病院がごたごたしているわけです。ところが、私にはどうしてだか全然わからない。目の前で大勢人だかりがして、車が行ったり来たりしていても、意味が読みとれないわけです。家に帰って妻に「きょうは石原裕次郎さんが、あなたの病院に入院したようですね」と言われて、テレビでニュースを見ると、昼間、病院で自分が目にした光景が映っている。それでやっと「ああ、なるほど。こういうことだったんだなぁ」とわかったわけです。それからも、石原さんが手術をしたとか、病状がどうだとかいうのは、家に帰ってテレビを見てわかるんですね。ごく親しい同級生の外科部長がテレビに出てしゃべったりしている。考えてみると彼と私は昼間、同じ病院のすぐそばのフロアにいるんですが、そういうことはメディアを通してしか伝わってこないわけです。

これが私にとってひじょうに重要な経験になりました。つまり、メディアを通すことによって、われわれのもつ距離感や現実感というものがひっくり返しになっているわけです。ですから、われわれは目の前で見たり、肌に触れたりしているものがいちばん身近なものだと思っていますが、実際には、それについてほとんど何にもわかっていないということなんですよね。これはむずかしくいうと、ヘーゲルが『精神現象学』の中で言っていることです。目の前にある現象を、ただDaとかthisとかいって説明することがわかっていることじゃない。ものごとは、概念化してはじめてほんとうにわかったことになるんだ、とヘーゲル大先生は言っているわけです。その文法でいうといまのわれわれは、マスメディアを介して意味づけをもらわないと、目の前のものを見ても何ひとつその意味がわからないようになっている、ということです。

心の二重構造

もう一つ例をあげますと、私は巨人ファンで、年に一、二度東京ドームに行くことがあるんですが、たまに行くと、野球の選手ってやっぱり体格がよくて大きいなぁという感じですよね。それでも、ピッチャーの投げた球が内角低めだとか、外角高めだなんていうのは、われわれには正確に読みとれないです。ましてや、それが一四〇キロだとか、一五〇キロなんていうのは全然わからない。よく見ると、最近の人はみなさんラジオを聞くか、携帯テレビを見ながら球場で野球を見ているんですよね。つまり、いまわれわれはものを見るとき、解説機能というかメディアによる意味づけを頼りに暮らすようになっています。こういう世界が出現しているわけです。結局、目の前の人間関係、目の前の現実というものに心の拠り所を求めながら現実にかかわるのではなくて、こういう二重構造のような心の状態になっているのです。これもある意味ではシゾイド的です。

ポケベルと人間関係

さらに最近、どういうことが問題になってきているかというと、たとえばファックスとか電話ですね。あまりクライエントの話はしたくないんですけれども、ある女子学生の人が私のサイコセラピーを受けることになって、その人の家に電話をしましたら、その次にその方が「先生、これから直接私のところに電話をよこさないでください」と言うんですよね。「どうしてですか」と言ったら、「うちの母は、素性のわからない男性から電話がかかってくると、あとがすごくうるさいんです。先生だって男性ですから」と言うわけです。そういうことは隠さないほうがいいと思うんですけれど、「しばらくこれでお願いします」と言って渡されたのがポケベルです。コメ印とかイゲタ印とかを押すと、私に電話をしろというメッセージが彼女に伝わるんだそうです。「先生とはこれでやりたいと思います」と言います。

聞きますと、このごろの若い人はみんなこれでやっていて、お母さんには何もわからないようになっているんですね。

思春期や青年期の女子学生が親離れにポケベルを使うなんて、微笑ましくていいと思いますけれど、その次の患者さんの場合は、聞いてびっくりしました。ある教育機関の職員の方なんですけれども、不倫をしてるんですよね。その不倫相手の男性が、やっぱりポケベルを渡してくれたというわけです。ポケベルに音が鳴らない振動型というのがあって、その恋人が彼女に会いたいとか、通信したいというときには、それがモゾモゾッて振動するんだそうです。夫と食事中かなんかに振動が入ってくると、トイレにでも行くような格好をしてちょっと席を立って、別室から電話をかけて、また知らん顔をして夫としゃべっている、といった生活をしているそうです。つまり、通信機器によって、家族関係に驚くべき変化が起こっているわけです。

ファックス、Eメールと人間関係

もう一つ、ファックスを例にとってみましょう。私は、ファックスというのは二四時間使えるところにその効用があると思っていました。時差を越えるのにとても便利なんですね。ところが、私の家はファックスと電話が別々になっていますから気がつかなかったのですが、受け取る人の中には、電話が鳴って切り換えないとファックスにならないというのがあるんですね。私はそれを知らずに、平気で午前一時、二時にファックスを送っていまして、先方がついに「夜一一時以後は、ファックスを送るのをやめてくれないだろうか」と頼んでこられたことがあります。つまり、ファックスが家庭の中にどんどん侵入していくわけです。

ところが人間関係において、ファックスとファックスの中の交流のほうが、目の前の人間関係よりも質のいいコミュニケーションができる場合があるんです。私は実験的にいろいろな人と話してみたんですけれど、電話で話をする場合、ファックスとファックスで交流する場合、それから直接会う場合で、コミュニケーションの質が違うんですね。いちばん正確に自分の言いたいことを言えるのは、どうもファックスのようです。手紙にすると、言いすぎたり、空想的になったりする、ちょっと度がすぎるわけです。ファックスとファックスのやりとりがいちばん論理的で、比較的ノーマルで、理性的な対話ができるようです。会うと、相手の応答が見えてしまうでしょ。だから、このことをもう少し言いたいなぁと思っても相手の顔色がふっと悪くなったりしたらやめてしまいますよね。ファックスの場合でしたらそれがないからちゃんと送れる。手紙になると、今度は言いすぎてしまったり、現実を離れてしまったりする。そしていまやインターネットの時代になって、Ｅメールでの交信がどんどん広がっています。

つまり、こういう世界がどんどん、どんどん人間関係の質を変えている。その出発点にあるのが、いま申し上げたように目の前の人間関係からある程度引きこもって、メディアとか通信機械を通した世界のほうがどんどん肥大しているという問題ですね。ですから、それにどう対処していくかということが、やっぱり現代のシゾイド人間のいろんな課題になってきていると思います。

3．自己愛について

『困った人たちの精神分析』――人格のマクロな狂いとミクロな狂い

それではこの辺で、もう一つのテーマにいきましょう。それは自己愛の問題です。

私の本に『困った人たちの精神分析』という本があるのですが、その中にいろんな人物像が出てまいります。この本の特徴は、人格のマクロな狂いとミクロな狂いを区別しているところだと思います。マクロな狂いというのは、誰がみてもおかしくて困った人、つまり、その社会や職場や家庭など、周囲からみて、ほんとうにあの人は困った人だと思われている人、ときどき事件を起こしたり、場合によれば警察沙汰になったり、世の中みんなが困っているというような人、これが人格のマクロな狂いです。目で見てすぐわかるような狂いで、そういうマクロな狂いの人はこの本では取り扱っていません。この本で扱っているのはミクロな狂いです。つまり普通に暮らしていて、大学の先生をやったり会社の部長さんをやったり、夫をやったり妻をやったりしている人、そういう人はみんなそれぞれミクロな人格の狂いというのをもっている、それでまわりの人が困っている場合です。つまり、あなたの妻とか夫とか上司とか同僚で困った人がいますよね。だけど困っているのがこのくらいだと、人格がおかしいからといってクビにすることも、やめてもらうことも、離婚することもできない。それでもやっぱり困っているというのがあるでしょ。そのミクロな狂いというのはどういうものかというのを書いている本なんです。

困った人たちの中にある自己愛の問題

困った人の代表が三人出てきます。そのうちの一人は「たてまえ部長」という名前がついていて、なんでもかんでも、すぐたてまえを説くわけです。ところが「研究所は静粛にしていましょう」と言いながら、自分の親しい友人が来たりすると、大声をあげて笑ったりする。つまり、自分の発声がほとんどゼロにしか聞こえなくて、人の発声は一〇〇に聞こえるような人、こういう人を「たてまえ部長」といいます。つまり、たてまえの世界では非常にきっちりしているけれど、客観的にみると、自分は全然たてまえにはまっていないような人です。業者さんなんかが来ると、「君、うまくやってくれよ」と言いながら、片方では、部下にたてまえばかり説いているような人。まぁこの程度の人で成功している例はたくさんありますよね。それから「イバリ君」というのも出てきます。いつもいばっていて、傲然としていて、何でも自分の思いどおりにならないとすぐ機嫌を悪くしてすねるような人です。

これらの人たちのいちばん中心にあるのは、ナルシシズム、自己愛の問題です。ナルシシズムというのはどういうことかというと、ひと言でいえば自分がいちばん可愛くていちばん大事だということ、自分にとっての愛の対象は唯一自分しかないということです。一九七〇年代の終わりから八〇年代にかけて、アメリカの精神分析の世界は、この自己愛人格の研究にひじょうに大きな成果をあげました。自己愛パーソナリティーというものの特有な姿を描き出したわけです。これは文明評論的にいうと、とても面白いことだと思います。どうしてかというと、そこであげられている人間像というのは、表からみるとアメリカ人がそれまで理想としていた人格像だったからです。それをアメリカ人自身が、裏から、むしろマイナスにみるようになったということの変化は、いったい何を意味しているのか、ひじょうに興味がありますね。

自己愛人間の典型としてのスカーレット・オハラ

私が『困った人たちの精神分析』で自己愛パーソナリティーの典型的な人物として取りあげているのが、映画『風と共に去りぬ』のヒロイン、スカーレット・オハラです。ご承知のようにスカーレット・オハラは、アメリカのもっとも理想的なヒロインですよね。圧倒的な自我の強さをもつ女性として描かれています。あのくらい自我が強くなかったらやっていけないのかなぁというくらいしっかりとした自我が強調されている。あのスカーレット・オハラのような自我の強さこそ、アメリカ人のもっている個人主義でもあるし理想的な人間像なんだなぁという面でみれば、ほんとうに納得できます。それを、ああいうちょっと繊細にみえて、しんの強いビビアン・リーのような女性が演じたところに、またあの映画の面白さもあったんだと思いますね。

ところがこれを、私はこの本では裏返しにみているわけです。あのスカーレット・オハラくらい自分中心な人はいないわけでしょ？　私は学生の講義用に、映画のいろんな場面を抜粋して一単位三分から五分くらいのビデオの教材をたくさんつくっているんですが、その一つに『風と共に去りぬ』があります。あの映画は、最後の七、八分間に中心的な問題がすべて凝集しているんですね。その最後の部分を使って教材をつくりました。

『風と共に去りぬ』という映画のテーマは、すべてのものが風と共に去ってしまうということです。つまり、スカーレット・オハラのまわりから、夫のレッド・バトラーも、恋人のアシュレイも、いとこで親友のメラニーも全部去ってしまって、誰もいなくなる。最後に「ああ、そうだ。自分にはタラの大地がある」というところであの評判のラストシーンになるわけです。あの最後のシーンで、あの映画はもっているんじゃないかと思います。

その前にどういうことがあるかといいますと、最後に、愛するいとこのメラニーの臨終の場面というのがあります。ずっと戦争の苦労を共にしたメラニーが、いま死のうとしている。普通だったら、ひたすらメラニーに取りすがって嘆き悲しんでいるはずでしょう。ところが、スカーレットはそうじゃないんですね。別室でメラニーが死を迎えているときに、彼女の夫であるアシュレイが一人でいるところへ寄っていって、「メラニーは死ぬけれど、私がついているから大丈夫よ」とアシュレイを口説きはじめるんです。スカーレットの心の中には、アシュレイはメラニーではなくて、ほんとうは自分を好きだったんだけれど、間違ってメラニーと結婚してしまった。これでようやく二人は一緒になれるね、という思いがあるわけです。ずいぶんひどい人だと思いませんか。だけどあの映画を見ていると、誰もスカーレットをいやな女だと思わないで見ている。そこがビビアン・リーの可憐な素晴らしさなんでしょうね。あどけなくやるんですよ。あどけない女の人って恐ろしいですねぇ。

このスカーレット・オハラのような人が、自己愛人格の典型です。悲しみに対する共感性を欠く人、絶えず自分のことしか意識がない人、あらゆる人間関係は自分の自己愛を満たすための道具にしかすぎないという人です。それに対して、アシュレイは普通の人です。つまり妻の死を悲しんで「とてもいま君とそんな愛を語る気持ちになんてなれない」と言う。そうすると彼女は怒るわけです。「あなたは何ていう人なの。私はいままであなたが私のことを好きだと思い込まされていた。ああ、私は幻を愛していたのか。あなたってひどい人だわね」と怒るんです。しかしこれは変な話であって、アシュレイのほうが普通だと思いますよね。それで、その姿を夫のレッド・バトラーが見ているわけです。そして「ああ、やっぱり妻はアシュレイがほんとうに好きなんだなぁ」とわかる。たぶんそれで急に決心したのか、あるいは、あまりにもスカーレットが自分中心の動きをするのを見ていて愛想が尽きたのか、ここは原作者に聞いてみたいところですが、彼女のもとから去ってしまうわけです。ですから結局、スカーレット・オハラはみんな失ってしまう。だけど、あそこの最大のテーマは、愛する人をすべて失って打ちひしがれた悲しい絶望的な彼女になるほうが人間的だと思うか、それともそれを全部乗り越えて、「私はここにいる。私が立ち直ればいいんだ」と言って立ち上がる彼女が素晴らしいと思うかということですが、あの映画はそこで、自己愛人格スカーレットをすごく讃美するわけです。これがまさに一九四五年代のアメリカだったと思うんですね。

アメリカの精神的・社会的変化

ところがいまのアメリカは違います。いまだったら、スカーレットはやっぱりひじょうに自己中心的で、本当の意味で人に対する思いやりを欠いていて、いつもいつも自己愛の満足しか求めない自己愛人格者というふうに思われるでしょう。これはアメリカ人が、そしてアメリカの精神分析が、やっぱりこの五〇年間にずいぶん成熟したからだと思います。それだけの認識をもてるようになった。精神分析なんていう学問は、こういう見方をするとすごく面白い。何が見えて何が見えなかったかというのが、だんだん学問として見えるようになってきますからね。昔のアメリカの精神分析は自我心理学ですから、あくまで自我というのが基礎だったわけです。エリクソンのアイデンティティー論まではこれで押してきた。ところがコフートの自己心理学になると、この頼りにしていた自我に翳《かげ》りが出てしまったといいますか、これはアメリカ社会全体の変化だと思いますね。

ですから、いまけっこうアメリカ人は、「日本人には〝甘え〟があっていい」とか、「日本人のほうが依存関係に対して受容度が高くて羨ましい」とか言うようになりました。アメリカはそんなふうに変わってきたんですけれども、そういう過程で「自己愛人格」という概念が登場してきたわけです。この視点からみると、自己愛というものがひじょうに大きなウェイトを占めた人間が増えてきたということです。

自己愛の二つの見方

それじゃ古い人間のタイプは、自己愛をどういう形で満たしていたのか。これについては二つの見方があります。精神分析学者の中に、自己愛というものを絶対に満たさないではいられない、人間の精神生活において絶対に必要なお米やガソリンのようなものだと考える人たちと、自己愛というのは、克服し、超越しなければならないものだと考える人たちとがいるのです。

では日本ではどうでしょう。仏教では、けっこう自己愛を病理として扱っている言葉が多いと思います。たとえば我執《がしゅう》とか我儘《わがまま》とかですね。いかにして無我の境地に達するか、というのはナルシシズムをどうやって越えるかというテーマだと思うんですね。精神分析学者の中でも、フロイトとか、何人かのどちらかというと本格的な精神分析学者といわれる人たちは、自己愛をどういうふうに乗り越えていくかということを課題にしています。

これに対して、自己愛肯定論の学派の流れがあります。人間にとって自己愛は絶対必要なんだ、という考え方です。それがフェダーンという古澤平作先生の指導者だった精神分析学者であり、その弟子であるエリクソンであり、日本では私です。人間にとって健康な自己愛の満足というのはひじょうに大切なものだと考える立場です。

自己愛をどう満たすか

いまお話しした自己愛人格の観点からみると、いま、個人の自己愛を露骨に満たすような人間像が急速に広がっている、というのが一つの大きなテーマになってきています。実は、シゾイド人間の心の裏側をみると、こうした自己愛人間的心性をもっている場合がひじょうに多いというのが私の考えです。それでは、これまで人間はどうやって自己愛を満たしていたかというと、たぶん日本社会だけでいうならば、直接的な形で自己愛を満たすことは、かつての日本の社会ではおそらくタブーであったと思います。たとえば有名になったり、おしゃれをしてみんなにほめられたり、立派な家を建てたりといった、いわば虚栄心を生の形で誇示するような自己愛の満足のしかたというのは、日本ではひじょうに嫌われることですね。

この辺は面白いんですけれど、アメリカとかヨーロッパでは、絢爛豪華な自己愛の満足というものをけっこう肯定した部分があったんじゃないかと思います。たとえば、ベルサイユ宮殿がそうです。私はかつてテヘランに行って、ペルシアの王室の金銀財宝というのを見学したことがあるのですが、ペルシアの王様の金銀財宝というのは、ほんとうにすごいんですよね。絢爛豪華な自己愛の満足というのですか。それは、やっぱり日本の皇室の、京都の御所か何かにある、あのささやかで質素なお道具とかとはまったく違いますね。ですから日本の天皇家というのは、そういう意味でひじょうに質素で、簡素で、そういうふうに華々しく自己愛を満足させない。一種マゾヒズム的な謙虚さが取り柄というか、持ち味だと思いますね。

アイデンティティー型人間

それでは、かつての社会で個人個人の自己愛はどうなっていたかというと、集団とか、思想とか、国家とか、社会とか、すべて自分を超えた何ものかに自己愛を捧げることで満足する。つまり自分より大きな集団の名誉であるとか、繁栄であるとか、そういうものの中で自己愛を満たすというメンタリティーがかつてはあったわけです。そして、こういう人間のことを、私は「アイデンティティー型の人間」と呼んでいます。

アイデンティティーというのは、そういう構造をもっています。個人としての自己愛を満たすよりは、日本人としての、たとえばオリンピックで優勝して、そこで日本国民としての自己愛と自分の自己愛が合一することで満たす。アイデンティティー型の人間にとって、こういう自己愛は許されるわけです。いいにくいことですが、特攻隊で戦死するということが、その人にとってひじょうに名誉な自己愛の満足になってしまったというような悲しむべき悲劇も、昔は起こったかもしれません。つまり自己愛というのは、そういうように国家、社会によって、利用されてしまう面があります。だけど、それを全うすることによって満たされる。私は戦前派ですから、若いころはけっこうこういうアイデンティティー型の自己愛の満たし方を尊敬していたところがありました。

自己を超えたものに自己を捧げる

実は今年の一月に、北海道の網走に行ってきたのですが、網走に行って私がいちばん先に関心をもったのは、やはり獄中一八年という共産党の徳田球一のことです。もう、みなさんは知らないでしょうね。私は別に、あの人個人を尊敬しているわけではないんですが、自分の主義主張のために一八年もああいう恐ろしい刑務所で生きながらえてきたということについては、ひじょうに関心をもっていまして、網走刑務所に行っていろいろと事情を聞きました。そうした主義主張を全うするということは、彼にとって最大の自己愛の満足になっていたのではないでしょうか。それは単なる個人の自己愛の満足とか虚栄心とかいうのとは違いますね。ある一つの理想とか集団とか歴史とか、そういうものに結びついた自己愛です。

直接的な自己愛の満足

ところが、われわれ現代人というのは、こういう自分を超えた組織とか、集団とか、思想とかいうものと同一化した自己愛の満足というものを、いっさい失ってしまった。あるいは、捨ててしまった。残ったのは、単純な自分個人の自己愛の満足です。ですから、かつては「お国のために」とか言って満たされていた自己愛が、いまは、パリに行って有名なトゥール・ジャルダンで食事をしたとか、ブランド品を買うとか、あるいは個人的にいい学校に入ってみんなにほめられるとか、すべてそういうひじょうに個人的な自己愛の満足になってしまいました。

私は、自己愛人間論を書いたとき、「アイデンティティーー（マイナス）自我理想＝（イコール）裸の自己愛」という公式を提出しました。つまり昔はみな、主義主張、国家社会というものに同一化した自己愛の満足をしていたけれど、いまはそういう理想像がなくなってしまって、ほんとうに生な、自分の直接的な自己愛の満足だけが、自己愛の満足の様式になり、またそれが精神生活に圧倒的な力をふるう時代になっているのではなかろうか、というのが私の分析です。

「衣食足って自己愛を知る」

そういうわけで、現代に増えている自己愛人間というのは、ひじょうに直接的に自己愛を満たそうとする。そう思ってみると、いまわれわれにとって、自己愛の満足というのがとても重要なテーマになってきていると思います。どうしてかというと、「衣食足って礼節を知る」という言葉がありますが、いままさに「衣食足って自己愛を知る」という時代になっているわけです。つまり、ほんとうに飢えて飢えて、もう恥も外聞もなくとにかく食べることが精一杯という時代には、自己愛はちょっと後回しになることもありうるわけです。われわれ日本人にも、「名誉も何もいらない。とにかく食べさせてください」というような時代がありましたでしょ。私なんか焼け野原世代ですから、そういう最悪の生活を知っています。防空壕の中で浮浪者のような生活をしましたからね。ですからわれわれの世代は、最悪のときが来たら人間は恥も外聞もなくどういうふうな暮らしをするか、というのを知っている。けれどもいまの日本では、そういうことはふだん考える必要がなくなりました。

きりがない自己愛の満足

それから自己愛というのは、食欲や性欲にくらべて、生物学的な基盤がないという長所をもっています。つまり食欲や性欲には限界がありますよね。どんなに食欲を満たしたいと思っても、暴君ネロじゃないけれど一晩に何度も食べて吐いてまではしませんよね。それから性欲のほうも、ちょっとたとえがあまりよくありませんけれど、一晩に何人もの人と、というわけにはいかないんじゃないでしょうか。限界があるわけです。ところが、自己愛は生物学的には制約がない。満足度というのは、いくらでも量も質も増えていく。ですから自己愛の満足のほうはきりがありません。宝石を買おうとするとき、いくらだって上があります。洋服だってそうです。住まいだって、グルメだって上があります。だからいまの産業社会、消費社会は、徹底的に人びとの自己愛の満足というところを刺激して購買力を高めていくということになるわけです。自動車だって、乗るだけでよければ一〇年でも二〇年でも乗れるわけでしょう。あれだけモデル・チェンジをして買い換える必要はないわけです。もちろん実用的な目的も半分はあるでしょうが、あとの半分は、アメリカのビジネスマンじゃないけれど、もはや現代は物を売るのではなく、セルフ・イメージを売る時代であるということです。つまり、あなたがどういう自動車に乗るかは、あなたがどういう人であるかを装うことであり、選ぶことなのです。ベンツに乗るか、ＢＭＷに乗るか、トヨタに乗るかは、あなたしだいということです。そういう自己愛の満足が、すべてを動かしているような時代になってきているのです。

二つの自己愛人格

この自己愛の話とシゾイド人間がどうつながっているかというところで、自己愛人格（自己愛パーソナリティー）のことが出てきます。臨床的にみると、自己愛人格のほうが自己愛が陽性な表れ方をします。少し専門的になりますが、自己愛人格の根底には「誇大自己」という自己イメージがあります。誇大自己というのは、ものすごく大きい自分ということです。自己愛人格の人はものすごく大きい自己像をもっている。たとえば、ものごとは全部自分の思うとおりになるべきだ、自分はみんなに賞賛されるべきである。誰よりも自分は優秀であるとみなされるべきである、というような素晴らしい自己像を心の中に植え込まれた人が自己愛人格なんですけれど、それを誇大自己といいます。誇大自己が自分だと思ってしまった人というのは、誇大自己が現実の自分と一致しているという体験をもてるときは、すごく満足度が高いわけですね。しかし、現実の自分が誇大自己どおりでないということになったときには、ひじょうに傷つく。

自己愛人格というのは誇大自己の肥大した人なんですけれど、この誇大自己をもった自己愛人格には、二種類あるといわれています。一つは能力のある自己愛人格で、もう一つは能力のない自己愛人格です。この二つは、まったく正反対の表れ方をします。才能のある人というのは、自分は素晴らしい人でなくてはならないと思っていますから、現実の自分をいつも素晴らしい人にしておくために普通の人の何十倍も働くし、勉強もするし、努力もする。

ですから、この誇大自己を維持しつづけるというのは、たいへんなことになるわけです。ですがそうすることで、普通の人以上に才能が発達し、成功もするわけです。大学教授の半分はこの種の自己愛人格だろうといわれています。

この自己愛人格がずっと一生続けば、これは幸せなんですけれども、気をつけないといけないのは、このタイプの人物が破綻するのはだいたい中高年といわれています。中高年まではこれが保たれていても、やっぱり体力や気力が衰えたりして、中年になると、いろんな意味でこれが破綻してきます。そのときの傷つき方をみると、早く気づいて凡人に戻れる人のほうが幸せということがありまして、あんまり年をとってから気づくと打撃も大きく、臨床的には、うつ病なんかが治りにくくなるとかいうことも起こってきます。それでも才能のある自己愛人格というのは、やっぱり世の中でいちばん生産性の高い人にもなるわけです。

これに対して、才能のない自己愛人格というのは、いつもいつも愚痴を言い、不平不満を言い、世の中は間違っている、俺は本来こんな俺ではないはずだ、世が世だったら大臣になり、大学教授になり、偉い学者になっているはずなのに、あの親の育て方が間違ったからだとか、あのときの教師のひと言で俺は道を踏み誤ったとか、さまざまな理由を並べたてて愚痴を言いつづけるような人です。これが自己愛人格が裏面に出たほうのタイプです。こういうのが、臨床的な意味での自己愛人格のモデルです。

人類的な誇大自己

これをもっと広い意味に当てはめていくと、少子化のために、いまの子は一人っ子が増え、みんなお父さんお母さんにとっての〝王子様〟〝お姫様〟で育ちますから、この誇大自己を植え込まれやすい境遇にあります。さらに現代人というのは、科学技術の進歩によって人類的な誇大自己をもつようになっています。人間の科学技術は、実は中途半端にしか発達していないのにもかかわらず、人々はほんとうに完全に発達したと錯覚してしまっているところがあるのです。たとえば、延命治療を例にとると、たしかに技術の進歩によって、これまでならとっくに亡くなられた方も、命をながらえることができるようになりました。ところが、それは決して元のような元気な身体になることではなく、ただ単に末期がんの痛みや苦しみを何か月か長くしただけという不幸なことも起こっています。心筋梗塞や脳卒中でも同じことがいえます。外科の技術はたしかに進歩しましたが、極端にいうと、中途半端に生きる人をたくさんつくっているような部分もあるわけですね。そのことを、われわれはもっと深刻に考えないといけないと思います。

人類の本質的な問題は、実はそこにあると思うんですね。科学技術に対しては、「ほんとうに進歩するなら、まともな人間にして生かしてくれよ」と言いたいところです。でも、そうはできない。だからそこには、すごく深刻な歪みがあるんだけれど、単純な生命尊重とか人権とかいう言葉に隠されてしまって、もっとつっこんで語り合わなければならない問題が、隠されているような気がしますね。

　ところが、医師であるわれわれはそういうふうに見ていますけれど、一般の人たちは、みんな科学技術はもう完璧に進歩し、何でも助けてもらえるし何でも思うとおりになる、という誇大自己をもっているところがあります。そこの現実と誇大自己のギャップが、いまのいろいろな人間の心の問題の拡大につながっているんじゃないかと思います。昔は、自然の摂理として「どうやってこの不幸を受容するか」というふうに、ひじょうに謙虚な心で現実とかかわっていけたと思うんですが、いまは「なぜこういうふうにしかならないのか」という、もう一つ別の悩みが生じてきてしまいます。これはむしろ、自己愛の問題なんだろうと思うんですよね。

自己愛人間とシゾイド人間

　こういう何でも自分の思いどおりになるという感覚を、精神医学では全能感といいますが、自己愛が肥大すると、この思い込みが大きくなるわけです。ですからそういう意味では、現代人には、何でも思うとおりになるはずだという気持ちが強くありすぎるために起こってくる、いろいろな悩みや不幸があると思うわけです。

　このへんの問題が自己愛人間の問題であって、シゾイド人間との共通点は、やはり人間関係がほんとうの意味では稀薄という点だろうと思います。ただ、シゾイド人間が〝同調的な引きこもり〟で人と深い関係をもたないのにくらべると、自己愛人間のほうは、一見、人間関係がたくさんあるように見えます。しかし、それはほとんどの場合、自分の自己愛を満たす手段としての人間関係です。代議士さんがいろんなところで調子がいいのと同じようなものです。つまり利用価値があると思えばいくらでも人間関係をもつわけです。ですからそれは、ほんとうの意味での人間関係ではないですね。

ところがそういう人間関係は、極端にいうと母子関係にも及んでいる恐れがあります。つまりお母さんが子どもを可愛がっているのは、ただそのお母さんの自己愛を満たすためであり、子どもを可愛いペットのように可愛がることはあっても、ほんとうの人間関係をもつかどうかは別で、そういう意味では、自己愛的な人間関係がいまひじょうに広がっているといえます。そしてその本質は、いわば〝偽りの親しみの関係〟といったらいいか、そういう話になってくるだろうと思うわけです。

4．まとめ

この辺で少し、きょうの話をまとめたいと思います。はじめに、シゾイド人間というのはどんなイメージの人間像かということをお話しして、それから、そのシゾイド人間と現代のメディア環境とのかかわりを「1・5のかかわり」ということでお話ししました。さらに、シゾイド人間の延長線で、自己愛の肥大した人間像を取りあげ、両方とも同じように人間関係が稀薄化しているんだけれども、自己愛人間のほうが自己愛の手段としてであればけっこう人間関係をもつことができる。だけど本質的なある種のかかわりの稀薄さというのは共通しているのではないか、というふうにお話ししたわけです。

みなさんはきっといま、ご自分がシゾイド的であるか自己愛的であるか、それぞれお考えになっていると思います。現代にはこのほかに、第三の人格像として、シゾイド的な引きこもりもうまくいかなくなり、自己愛も破綻し、自分のいろいろな欲望とか感情とかの衝動をうまくコントロールすることができなくなった、ひじょうに不安定なタイプの人間像が登場してきています。これを専門家は「境界性パーソナリティー（ボーダーライン・パーソナリティー）障害」などといっておりますが、この話はもう少し臨床の話に入ってゆきますので、きょうはちょっと割愛しておきたいと思います。

おわりに、きょうは、臨床的な個人個人の話、それから社会全体に共有されている一つのモデルとしての「シゾイド人間」とか「自己愛人間」の話、そしてその両者の関係についてお話ししました。熱心に聞いていただきましてありがとうございました。

■初出一覧

I　依存のすすめ
講演「自立と依存」
講演「身近な人々をどう援助するか」青少年健康センター

II　思春期の娘と母
講演「思春期の心の発達と親子関係」賢明奉献会、一九九六

III　親と子の憎しみ、怨み
「親子の愛と憎しみ」『ひょうごのこころ』神戸新聞総合出版センター、一九九一
「親の心・子の心」四天王寺カウンセリング講座、一九九四

IV　老いの心理と中年の心の危機
講演「中年期・退職期を迎えた人々のメンタルヘルス」一九九六

V　自立を支える親の役割
「自立を求める心」『愛着と自立』金子書房、一九八三

VI　悲しみといやし
「対象喪失とモーニング」『現代社会の悲しみといやし』ＡＶＡＣＯ、一九九五
「対象喪失とモーニング」四天王寺カウンセリング講座、一九九一

VII　引きこもりの時代
講演「こころの時代と人間関係」九州大学学生部、一九九五

解説　「ニックネーム人間」・小此木啓吾

相田信男

恐らく多くの人々が言われれば思い出すのだろうけれども普段はもはや忘れかけている、あるいは今やそれを知らない世代の人々が圧倒的に増えただろうと思える、「二〇〇〇年問題」と名付けられた騒ぎが二〇世紀の最後の年にあった。素人レベルの知識でごく簡単に説明すると、年号表記の際に「一九XX年」を「XX」としてきたコンピューターの従来の方法が災いして、「二〇〇〇年」になった途端に誤動作が起きるという話だった。それに伴い停電や断水、交通機関の麻痺、通信機能の停止、果ては金融機関の機能停止は言うに及ばず、ミサイルの誤発射までもが心配され、大いなる不安、恐怖を巻き起こした。一九九八年暮れには総理大臣自らこの問題に備えよと演説していたし、実際、世界的規模で行われたプログラムの修正に多大な時間や費用がかかり、ことに中小企業は大きな打撃を受けさえしたと後に聞いた。事実、当時精神科病院の院長だった私（解説者）は一九九九年の大晦日に自ら当直を引き受けて「二〇〇〇年問題」勃発とこれに伴うパニック発生に対応せんとしていた。

恒例の元旦の朝風呂をこの年ばかりは焚かず断水に備えたが、入院患者たちにはひどく不評だった。もっとも、パソコンにさえ疎い私が当直するよりは、それなりの専門家を頼んだ方がマシだったのではないかと今になって思うが、こんな思慮不足を生じるほど「二〇〇〇年問題」に備える作業自体がもはや進行中のパニックの現われそのものだったのだと言えよう。

ちょっと穿《うが》った言い方かも知れないが、この「二〇〇〇年問題」には、コンピューター機能ゆえの危惧という現実問題もさることながら、当時の人々の心の奥に潜んでいる不安や恐怖が、こんなふうに一定期間持続するある種のパニック状態として表れた側面もあったのではないだろうか、と今になって考える。本書が編まれた一九九九年とはそういう年だった。「今や世の中は二〇〇〇年問題で騒いでいるが、私たちの心の奥にはより本質的な不安があって、それは各世代の人々に、今、こんなふうな課題として表れているのではないか?」という問いかけも本書に含まれていたのではあるまいか。そしてそうした人の心の課題とは時代を越えてなお、私たちの中に存在し続けているのではないか、と考えてみた。

著者・小此木啓吾は一九三〇年一月三一日東京生まれ、慶應義塾幼稚舎（小学校）に入学以来、二〇〇三年九月二一日に七三歳で没するまで、一貫して慶應の人だった。実際、慶應義塾を愛し、創始者・福澤諭吉を敬って命日の墓参りを欠いたことはないと聞いた。優れた、福澤研究者でもあった。だからと言って彼が、愛校心溢れるとのイメージから連想されるような、組織や時代、文化に無批判に従う類の人物だったわけではない事実は、今日残された多くの著作から窺い知れるところである。むしろ観察、理解、洞察に優れた、考える、また表現する、生涯通して批判精神をもった、オリジナルでインターナショナルな人でもあった。

小此木は医学部学生の時期から、我が国の精神分析学界の始祖・古澤平作に個人分析（専門家になるために自身が精神分析を受ける、当時「教育分析」と呼んだ訓練。今日、日本精神分析協会は「訓練分析」の名称に統一）を受けるとともに、後の日本精神分析学会の前身的母体・精神分析研究会においてすでに学問的に活発な会員のひとりであり、また会の事務局業務を担っていた。後にオーガナイザーとして活躍する素地をこの頃から持ち合わせていた、あるいはこの時期に培ったものだろう。ちなみに当時の研究会、初期の学会の会報や学会誌はガリ版刷りだったが、このガリ版制作は後の小此木夫人・栄子氏によったと謂う。

一九五四年医学部を卒業、一年間のインターンの後、医師として慶應義塾大学医学部神経科学（現精神・神経科学）教室員となった小此木は、慶應病院の精神科医師である一方、当時の主任教授の理解を得て自宅で精神分析、精神療法を行い（フロイトの開業臨床スタイルだ）、精神分析の研究、教育を続けた。この臨床活動は後には自身の研究所でのそれへと繋がる。また彼は慶大精神神経科の講師、助教授を経て、医学部兼担教授、さらに環境情報学部教授と、前述通り一貫して慶應義塾の人だったが、この間東京国際大学大学院心理学研究科教授の他、諸大学諸学部で教鞭を執り一生を教育者としても過ごした。私はあるとき彼が「教育は無償だ」と呟くように、だが居合わせた私たち数人を諭すように語ったのを思い出す。むろん彼は、その一部で職業人としての教師だったし教授料を得ていた。私たちとて「教えて」収入を得る経験をもつが、このとき感じた敬虔な気持ちは機会あるごとに蘇る。彼が育てた精神分析家、精神療法・心理療法家、関連領域で活躍する人は実に多く、また多岐にわたる優れた人々であることは周知の事実だ。

慶應義塾を愛し続けた小此木が一九七九年に開講した「(東京の) 精神分析セミナー」を大学の枠を取り払った「超大学構想」に依ったのは、一つの大学内における教育に失望した面があったゆえかもしれない。しかしその後各地に種々立ち上げられた同様の「セミナー活動」が現在わが国の精神分析における基礎的構造を作ったのも事実だろう。小此木は実践としての精神分析家、研究者、臨床家、教育者、思想家であり、教育的リーダー、オーガナイザー、精神分析運動の担い手でもあった。その活動は大学、学会に留まらず、精神医学、精神医療、心理学の各領域に、さらにより広く社会の諸現象への解明や啓蒙にと発展していった。また彼は捉えた物事の本質を端的な言葉で巧みに表現する命名上手、言わば「ニックネーム人間」とでも呼べる遊びの精神をもった人だった。「モラトリアム人間」「シゾイド人間」「自己愛人間」「ホテル家族」「1・5の時代」「困った人たち」などだが、本書のⅦ章でも自己紹介されている。長いこと慶大精神科に置いた活動の拠点をやがて一九九三年に設立された「小寺記念精神分析研究財団」に移し、亡くなるまで理事長を務めた。

小此木は精神分析の領域において世界的規模で情報を得、これを多数の翻訳作業や解説を通してわが国に紹介、発展させた人としても知られるし、その著書の多さには誰もが圧倒されよう。こんなエピソードを思い出す。私（と同級生）が新人だった時代に、小此木の自宅へ招かれた。書斎で彼から「僕はただ書いていると頭の回転に書く作業が追いつかないものだから、音を消したTVで野球を観ながら（猛烈なジャイアンツファンだった）、ジャズのレコードを聴いて、そして執筆している」と聞いた。ちょうど彼が助教授内定の通知を受けた日だった。『モラトリアム人間の時代』がヒットする六年前のことである。

またあるとき、「君、僕はこう見えても昔は競走部（慶應では陸上競技部をこう呼ぶ伝統）の部員だったんだ。ついて来給え」という指示を受けて、飛行場の人込みの中を右に左にとコースを選びながら、ゲートに向かって走ったこともある。知力は無論のこと、体力、精神力、気力を人一倍備えた人物であった。

精神分析家としての小此木の思想は、絶筆となった『精神分析のすすめ』の「むすび」の章に集約されていようかと私は思うので要約して紹介したい。

「無意識には時と所がないとフロイトは言いましたが、治療関係の基本的な現実というのは、……時と所を選んで治療者と患者が二人の出会いを決めたその場にあります。人間は常にこの時と所の制約を超えたものを求めようとするわけですが、どうしてもそれを逃れることはできません。この時と所に限定された自分というものを、望ましいものとして心から肯定している健康な自己愛が持てる場合と、なぜ、どうして自分はこんな事情で、このような時と所に生まれたのか、あるいは生み出されたのかという、それは阿闍世コンプレックス論でいうところの未生怨でありますが、このような自分の意識を超えた自己の成り立ちというものについての喜びと恨みの織りなす世界が、阿闍世の世界だと思います。……そのような根源的な自己のあり方をいつも見つめているような治療観というものが、治療構造論の最も基本的な思想ということができます」（『精神分析のすすめ』創元社、二〇〇三年、三九三〜三九四頁）。

以上述べられているような治療観に立つ小此木による講演などから編んだ本書は、ポケベル、ファックス、ファミコンなど、一部には二〇世紀終わりに相応しい古い用語が出てくるものの、ライフサイクルの認識を基軸にして人々の関わりが語られており、今日でも十分な読みごたえがあるに違いない。

（特定医療法人群馬会群馬病院名誉院長・精神分析家）

小此木啓吾（おこのぎ・けいご）

一九三〇年生まれ。慶應義塾大学医学部卒業。東京国際大学人間社会学部教授（専任）、慶應義塾大学総合政策学部教授（兼任）。慶應心理臨床セミナー講師。医学博士。精神分析学、精神医学専攻。著書に『現代精神分析の基礎理論』（弘文堂）『フロイト――その自我の軌跡』（NHK出版）『モラトリアム人間の時代』『本人の阿闍世コンプレックス』『対象喪失』（中央公論社）『父と母と子、その愛憎の精神分析』（講談社α文庫）『自己愛人間』『家庭のない家族の時代』（ちくま文庫）『あなたの身近な「困った人たち」の精神分析』（大和書房）『心の臨床家のための必携精神医学ハンドブック』（創元社）『阿闍世コンプレックス』（編著・創元社）他多数。二〇〇三年九月逝去。

創元こころ文庫

P-11

精《せい》神《しん》分《ぶん》析《せき》のおはなし

二〇一六年九月二〇日　第一版第一刷発行

著　者　小此木啓吾
発行者　矢部敬一
発行所　株式会社　創元社
〈本　社〉〒五四一 - 〇〇四七
大阪市中央区淡路町四 - 三 - 六
電話（〇六）六二三一 - 九〇一〇㈹
〈東京支店〉〒一六二 - 〇八二五
東京都新宿区神楽坂四 - 三　煉瓦塔ビル
電話（〇三）三二六九 - 一〇五一㈹
〈ホームページ〉http://www.sogensha.co.jp/
印刷所　株式会社 太洋社

ISBN978-4-422-00061-9

本書は一九九九年三月に創元社より刊行された同名の単行本を文庫化したもので、
第一版第三刷を底本としています。
なお文庫化にあたり、一部、補足・修正をほどこしてあります。